MW01120701

Julien DELAGRANDANNE

Investir en bourse : styles gagnants, styles perdants

Julien DELAGRANDANNE

Investir en bourse : styles gagnants, styles perdants

- Identifiez les erreurs qui coûtent cher et évitez-les,

- Assimilez les styles gagnants, et comprenez ce qui les différencie des styles perdants,

- Parmi les gagnants, choisissez le style adapté à votre personnalité, vos compétences, et votre disponibilité,

- Mettez en application vos acquis.

ISBN n° 978-1-291-39630-0

Sommaire

Préambule

Quelques mots de l'auteur avant de commencer...

Mon premier ouvrage publié il y a près d'un an, *Construisez et gérez votre patrimoine avec succès*, s'inscrivait dans une optique de gestion patrimoniale au sens large, traitant de sujets variés, comme entre autres l'état d'esprit à adopter, les leçons de l'histoire, l'analyse des caractéristiques des divers actifs (coté productif ou non...), la façon de s'y prendre avec chacun d'entre eux, ou encore la gestion des risques. Bref, on pouvait y parler aussi bien d'actions, d'obligations, d'immobilier, d'inflation, de motivation que de protection du patrimoine face aux divers aléas. Dans l'ouvrage que vous tenez en ce moment même entre les mains, j'ai cette fois décidé de m'atteler à un domaine plus spécialisé, en me concentrant sur l'investissement en bourse.

Qu'est-ce qui m'a poussé à cette nouvelle initiative ? Le succès de mon premier livre, les retours positifs des lecteurs, leur soif d'apprendre, mon goût pour transmettre mes connaissances, et le doux souvenir du plaisir que j'avais pris à l'écrire, ont bien sûr joué leur rôle... Mais cette agréable expérience, bien que déterminante dans ma motivation, n'en est pas la seule raison. On peut en effet en identifier principalement trois autres.

D'abord, si un tel projet doit évidemment mûrir dans votre esprit sur du long terme, il y a toujours un déclic qui vous fait vous jeter à l'eau et prendre la plume. Le mien a été le retour qu'une amie m'a fait d'un rendez-vous à sa banque : lorsque mon amie a demandé à sa conseillère bancaire ce qu'elle pouvait lui proposer pour investir à **long terme** une partie de l'argent dont elle dispose, la réponse a été en version condensée « Le PEL est attractif, éventuellement de l'immobilier si vous vous voulez vous embêter à gérer des locataires, et par contre évitez la bourse car tout le monde y perd désormais ses plumes même en raisonnant sur 10 ans ». Ceux qui me connaissent déjà à travers mon premier livre savent à quel point je déteste faire des prévisions, un des thèmes récurrents de ma philosophie d'investissement étant que le futur est par définition imprévisible[1]. Eh bien pourtant, à l'heure où le CAC40 dépasse de peu les 3000 points et le prix de l'immobilier d'habitation atteint 260 loyers, j'aurais très envie face à de tels discours de prendre le pari que la bourse aura été un meilleur investissement que l'immobilier résidentiel à horizon dix ou quinze ans... À condition bien sûr d'adopter un style gagnant !

Ensuite, j'ai été motivé par la possibilité d'apporter une valeur ajoutée à mes futurs lecteurs. Il existe en effet des livres spécialisés sur **chacun** des styles présentés dans les pages suivantes, mais **peu voire aucun** n'attaque l'investissement boursier sous l'angle d'un panorama de l'ensemble des styles potentiellement adoptables et de leur pertinence. Voilà donc pour l'aspect novateur... Un aspect novateur, mais inutile n'apporterait néanmoins aucune valeur ajoutée. Or, il me semble bien que l'investisseur boursier qui saura reconnaître les styles perdants pour les éviter, ou identifier lequel des styles gagnants correspond le mieux à sa personnalité pour l'adopter et s'y tenir s'en sortira mieux que son homologue qui en est incapable.

Enfin, mon dernier axe de motivation réside dans le sentiment d'avoir désormais atteint une certaine légitimité sur les sujets abordés. Certes, comme tout le monde j'ai fait des erreurs de jeunesse, et je ferais sûrement encore quelques mauvais choix de temps à autre. Ce que j'entends ici par légitimité, c'est d'avoir su correctement gérer pendant plusieurs années, et ce, sous des cieux boursiers plus ou moins cléments, un portefeuille d'actions significatif[2]. La pratique assidue qui mène à la légitimité dont il

---

[1] Ce qui, rassurez-vous, n'empêche en rien de vivre, d'agir...et d'investir !

[2] Dans un contexte de légitimité sur l'historique de gestion d'un portefeuille personnel d'actions, on doit entendre par « portefeuille significatif » plutôt un portefeuille qui est de l'ordre des six chiffres ou plus que de l'ordre des cinq chiffres voire pire des quatre... Cela m'amuse en effet toujours un peu de trouver sur des blogs personnels des relevés de portefeuilles qui contiennent quelques lignes de 500 € chacune : la démarche peut être intellectuellement intéressante

est question ne vient pas seulement par la recherche du but d'enrichissement. Tout ne se résume pas en effet à la simple vision d'un tas de billets que l'on chercherait in fine à posséder. Certes, une fois atteint, ce but d'enrichissement permet une liberté de choix de vie qui fait sens pour moi, mais ce n'est à mon avis pas suffisant. Il faut savoir aussi apprécier le chemin qui y mène : j'ai la chance d'être né avec quelques prédispositions pour allouer le capital, j'aime beaucoup réfléchir à ces problématiques, j'ai envie de m'améliorer en permanence, et je prends plaisir à l'atteinte du maximum de compétences dans la démarche, car je la conçois également comme un défi intellectuel. Et cette compétence, elle devient justement plus pointue, tout en étant atteinte plus facilement, lorsqu'on apprécie le chemin qui mène à l'objectif. Entre autres bienfaits, apprécier le parcours conduit ainsi à maintenir une motivation constante, à continuer à se former spontanément dès qu'on en a l'occasion, et être au final plus productif dans ses choix d'investissement.

Les motivations de l'auteur étant désormais exposées, j'espère que le lecteur prendra plaisir à la lecture de ce livre, et que les idées exprimées, l'originalité de leur présentation, ou encore leurs mises en perspectives sauront lui faire oublier mes lacunes de jeune écrivain.

Qu'est-ce qu'une action ?

En achetant une action, on achète le titre de propriété d'une partie d'une entreprise. On devient donc propriétaire de ses capitaux propres, c'est-à-dire de ses actifs (usines, bâtiments, liquidités, stocks, brevets, marques etc…), nets de ses dettes.

On acquiert donc par la même occasion l'éventuelle capacité de ces actifs à générer des profits. Les cash-flows ainsi générés par le business sous-jacent

---

pour acquérir de l'expérience, mais il est prudent de rester sceptique sur la façon dont auraient été transposées les décisions prises dans un tel contexte à un portefeuille plus significatif.

peuvent être distribués directement aux actionnaires sous forme de dividendes réguliers (annuels, semestriels, trimestriels ou plus rarement mensuels). Si l'argent gagné par l'entreprise n'est pas redistribué directement aux actionnaires sous forme de dividendes et qu'il est investi à bon escient au sein de l'entreprise, il contribuera soit à augmenter la valeur des actifs, soit à diminuer les dettes. Il s'ensuivra alors une croissance de la valeur des capitaux propres, qui devrait théoriquement se traduire à un moment donné dans le prix de l'action puisque celle-ci représente un titre de propriété sur les capitaux propres...

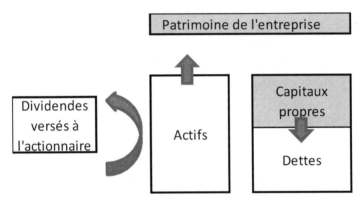

Cette récupération des cash-flows générés par le business sous-jacent, soit distribués sous forme de dividendes, soit reflétés par l'élévation du prix de la part, est une des trois façons[3] dont un investisseur (et non un spéculateur) espère tirer profit d'un investissement.

---

[3] Les deux autres étant d'une part la hausse des multiples que les autres investisseurs sont prêts à payer pour le business, et d'autre part la réduction de l'écart entre prix de l'action et valeur intrinsèque du business sous-jacent, comme nous le verrons au chapitre C.1 une fois que nous serons un peu plus rentrés dans le vif du sujet...

Les entreprises en étant à des stades de développement différents, leur politique de distribution des dividendes peut varier. La coutume distingue ainsi certaines actions comme étant de « rendement », et d'autres de « croissance » :

- Les actions dites « de rendement » sont celles d'entreprises matures qui ont un rendement sur dividende[4] élevé, mais peu d'espoir de croissance (de l'action et du dividende).
- A l'opposé, on qualifiera d'actions de « croissance » celles qui distribuent un dividende faible, voire nul, mais ont un potentiel de croissance et donc réinvestissement directement dans l'entreprise une partie de l'argent dégagé en excès. Il s'ensuit théoriquement une hausse de la valeur des actifs, et donc potentiellement du prix de la part. En sus, si tout se passe bien, plus d'actifs veut dire plus de résultats dégagés les années suivantes. Ainsi, les bonnes actions de croissance versent souvent un dividende certes plus faible en termes de rendement, mais croissant au fil des années.

Pourquoi chercher à acheter des actions et se constituer un portefeuille ?

Certaines personnes ne souhaitent pas posséder d'actions par peur « de tout perdre », d'une catastrophe etc... Il faut relativiser cette pensée : en se référant à l'histoire, on pourra par exemple se rappeler que quelqu'un investi en actions aura traversé l'évènement le plus terrible qui soit, la seconde guerre mondiale, avec une meilleure conservation de pouvoir d'achat que le possesseur de cash[5].

La raison sous-jacente est l'inflation : les actifs basés sur une monnaie et un taux comme le cash, les livrets ou les comptes à terme n'ont peut-être pas

---

[4] Montant annuel des dividendes par action divisé par le prix de l'action.
[5] P.Fisher, Actions ordinaires et profits extraordinaires

de risque de perte en valeur nominale, mais ils dépendent néanmoins de la valeur de la monnaie dans laquelle ils sont exprimés. Une phase d'inflation importante, c'est-à-dire de perte de pouvoir d'achat de la monnaie, vient rogner fortement le pouvoir d'achat de ce type d'actifs. Elle ne se produit pas uniquement en cas de guerre, mais peut avoir des origines diverses. On peut ainsi entre autres se trouver en présence d'inflation par surchauffe (moyens de production sous-dimensionnés), par les coûts (hausse du prix de produits importés comme les matières premières), ou par expansion monétaire (impression de monnaie en excès par les banques centrales après une période de récession afin d'essayer de relancer la croissance ou d'alléger le poids des dettes).

Afin de ne pas trop être exposé au risque inflationniste, il est donc essentiel de diversifier une partie de son patrimoine à des actifs dont la valeur est indépendante de la monnaie. Il en existe deux types :

- <u>Les actifs de conservation</u> (qui deviennent parfois des actifs de spéculation), par exemple l'or, les œuvres d'art, ou les objets de collection... Leur valeur est bien indépendante de celle de la monnaie, puisqu'on peut supposer que si la monnaie perd de la valeur, un éventuel acheteur devra mettre plus d'euros sur la table pour qu'un vendeur veuille bien lui céder son actif.
  Leur caractère spéculatif tient au fait que leur prix dépend intégralement du marché de la revente. Supposons que l'artiste *Jean Sculteuralamode* devienne « tendance ». Ses œuvres vont alors attirer de nouveaux acheteurs, et par la loi de l'équilibre offre-demande, leur prix va donc monter fortement. Celui qui avait acquis une de ces œuvres avant l'amplification du phénomène de mode, a alors l'impression d'avoir fait un bon placement et peut-être tenté de la conserver afin qu'elle continue à se valoriser à ce rythme de rendement annuel. Cependant, les modes passent : si le soufflé retombe, le prix rebaissera et ce rendement annuel n'aura

alors été qu'une illusion. Des rendements générés de cette façon ressemblent un peu à un jeu de chaises musicales : on s'amuse tant que l'on reste dans la partie, c'est-à-dire tant que l'on se trouve une chaise (ici un vendeur prêt à vous racheter votre actif au prix fort).

- <u>Les actifs productifs</u>. Comme les actifs décrits ci-dessus, leur caractère tangible leur permet de constituer une barrière au risque inflationniste. Ils peuvent avoir une composante spéculative, car leur prix peut également dépendre de l'équilibre offre-demande à un instant donné, mais ils ont en sus à leur avantage un vrai caractère d'investissement de par leur côté productif puisqu'ils vont générer des cash-flows réguliers. On peut par exemple ranger dans cette catégorie l'immobilier, les forêts, ou encore les actions. Un appartement va générer des loyers, une forêt va générer des revenus d'exploitation (vente de bois, location de chasse), une action va générer des résultats réguliers en tant que part d'un business (distribués sous forme de dividendes à l'investisseur ou conservés par la Société à des fins de réinvestissement dans son business, augmentant alors mécaniquement la valeur de l'actif détenu par l'investisseur).

« Quelle que soit la monnaie dans un siècle, que ce soit de l'or, des coquillages, des dents de requin, ou du papier (comme aujourd'hui), les gens devraient continuer à être prêts à échanger une partie de leur temps de travail quotidien contre un Coca-Cola », Warren Buffet

La comparaison des trois classes d'actifs évoquées ci-dessus fait ressortir une certaine supériorité de la classe des actifs productifs. C'est en effet la seule classe d'actifs qui peut opposer une certaine résistance aux risques inflationnistes, tout en n'ayant pas un caractère dépendant intégralement du marché de la revente. Parmi ces actifs productifs, les actions occupent une place de choix. D'une part, leur rendement historique parle pour elles[6], et en investissant en bourse à long terme, vous entrez par conséquent dans un jeu considérablement biaisé en votre faveur sur une base historique. D'autre part, elles surpassent les autres actifs productifs en termes de liquidité : il suffit en effet de quelques minutes et centaines d'euros pour acheter ou vendre un titre, et ce, avec des frais de transaction modiques, alors que c'est loin d'être le cas pour un appartement...

Voilà donc la raison pour laquelle chaque patrimoine devrait contenir une composante « actions ». Bien sûr, comme il ne serait pas judicieux d'avoir un patrimoine intégralement constitué d'actifs basés sur une monnaie et un taux, il serait tout aussi déraisonnable d'avoir un patrimoine se résumant seulement à un portefeuille d'actions.

Un dernier mot sur le caractère moral ou non de l'investissement en bourse. Certains choisissent en effet de ne pas posséder d'actions, car le bruit ambiant (issu des médias ou d'une foule bien-pensante[7] et moralisatrice) les a convaincus qu'être actionnaire revient à s'opposer à l'emploi ou aux salariés. Laissez-moi vous dire que c'est en fait tout le contraire. Ce sont les entreprises qui créent de l'emploi, de l'activité, et de la croissance. Or, pour créer une entreprise, il faut lever du capital auprès d'actionnaires. Oui, mais me direz-vous, si je ne participe jamais aux introductions en bourse ou aux augmentations de capital, je ne fais qu'acheter le titre d'une entreprise à un vendeur sans injecter directement de capital dans le développement de celle-ci ? Peut-être, mais si un jeune homme de 40 ans a décidé il y a une vingtaine d'années de participer à la levée de capital d'une future entreprise cotée, ne croyez-vous que c'est aussi parce qu'il était convaincu qu'une fois

---

[6] Les actions dividendes réinvestis ont un rendement historique nominal de l'ordre de 10%, Référence *Les placements de l'épargne à long terme*, Jean-François de Laulanié

[7] Qui pense peut-être (bien que peut-être pas par elle-même ?), mais oublie souvent de réfléchir...

à la retraite, il trouverait sans difficulté un acheteur pour vendre ses titres grâce à la liquidité du marché coté ?

Comment est pensé ce livre et à qui s'adresse-t-il ?

Ce livre s'adresse à toute personne convaincue de l'intérêt de l'investissement en bourse, et qui cherche à raisonner intelligemment, c'est-à-dire qui n'assimile pas l'achat d'une action à celui d'un ticket de loto.

Son but est de permettre au lecteur d'assimiler les concepts essentiels pour adopter une méthode gagnante d'investissement en bourse, et éviter les erreurs qui coûtent cher. En le refermant, le lecteur devrait ainsi avoir acquis une compétence en investissement boursier nettement supérieure à celle de l'investisseur particulier moyen.

Cet ouvrage cherche à être synthétique et complet afin que sa lecture satisfasse le lecteur qui cherche à en apprendre le maximum en lisant un seul livre. Il ouvrira toutefois également beaucoup de perspectives au lecteur plus assidu, qui souhaitera par la suite approfondir certains des concepts découverts au fil des pages. Pour cela, celui-ci pourra s'appuyer sur la bibliographie thématique fournie en fin d'ouvrage pour se constituer un programme de formation personnel.

Le livre s'articule de la façon suivante :

- La partie A effectuera un balayage des styles perdants, afin que le lecteur évite de s'égarer comme tant d'autres investisseurs dans ceux-ci.

- La partie B évoquera quelques styles intermédiaires entre les styles perdants et les styles gagnants. Ils méritent d'être évoqués, car ils peuvent être profitables et avoir l'avantage d'être moins consommateurs en temps de mise en œuvre que les styles gagnants.

Ils sont néanmoins intrinsèquement inférieurs à ceux-ci, car soit potentiellement moins performants, soit potentiellement plus risqués.

- Après ces nécessaires préludes, la partie C passera (enfin…) en revue les différents styles gagnants, ainsi que leurs avantages et inconvénients respectifs.

- Enfin, la partie D s'attachera à la mise en pratique des styles gagnants. Après avoir évoqué rapidement les domaines où ces styles ne peuvent s'appliquer, nous listerons et expliquerons les ratios utiles, puis évoquerons les méthodes de détermination de la valeur en intrinsèque d'une action, et enfin les façons de détecter les éventuels avantages concurrentiels d'un business.

Partie A

Styles perdants

Avant d'aborder styles gagnants, nous allons nous obliger à discuter préalablement des principaux styles perdants. D'abord, parce qu'avoir bien repéré les styles perdants (et les avoir gardés en mémoire) vous évitera des erreurs qui pourraient vous faire perdre beaucoup d'argent. Ensuite, parce que les avoir décrits vous aidera à comprendre, au moment où nous parlerons des styles gagnants, les raisons pour lesquelles ces styles-là sont justement gagnants…

Un des points communs que l'on retrouve de façon récurrente dans la plupart de ces stratégies perdantes est de raisonner principalement en termes de cours de l'action. On se focalise sur le cours et on cherche à faire des prévisions sur son évolution, prolonger des tendances, bref deviner !

Nous ne sommes donc en fait pas très loin du joueur de tiercé qui, en inscrivant une combinaison de numéros de chevaux sur son ticket, cherche à deviner l'ordre d'arrivée de la course. Cela vous semble caricatural ? Arrêtons-nous deux minutes : ne croyez-vous pas que beaucoup des mouvements d'achat ou de vente des particuliers sont effectués sur ce genre de bases ? Bien sûr que si, et il en est de même de nombre de mouvements des fonds actions pilotés par des gérants professionnels, et ce, pour une raison simple : la plupart des fonds actions considèrent en effet qu'ils ont juste une mission de stock-picking[8], la décision de market timing[9] étant prise par les particuliers qui leur confient leur argent. Leur libre arbitre existe donc plutôt sur la sélection d'actions que sur le choix d'un pourcentage d'exposition au marché actions. Il en résulte qu'ils sont en général investis en permanence à 100%, et subissent donc les mouvements d'apports/retraits des particuliers, les forçant à effectuer des achats ou ventes selon l'humeur de ces derniers.

---

[8] Stock-picking : choix discrétionnaire d'un panier d'actions déterminé.
[9] Market timing : choix de rentrer ou de sortir le marché (ou décision d'achat ou de vente d'actions en général).

Les investisseurs qui s'égarent dans ces styles perdants sont souvent ceux qui agissent sans rationalité, achètent par pure cupidité et vendent par peur. On pensera ici par exemple à celui qui va faire tous les magasins pour gagner dix euros sur le prix du modèle d'aspirateur qu'il a choisi, ou passe des heures à comparer les prospectus des supermarchés pour gagner quelques centimes sur l'achat de sa bouteille de Coca-Cola. Le même qui ne sera pas dérangé d'investir les économies accumulées sur plusieurs années sur le tuyau d'un ami ou un coup de tête, sans passer du temps pour poser sa réflexion ou challenger son raisonnement. Il espère ainsi faire un profit rapide sans effort et sans réflexion. Eh bien j'espère que vous aurez compris à la fin de ce livre que c'est pourtant votre cerveau qui sera votre meilleur allié pour gagner de l'argent en bourse. Il vous sera d'une utilité précieuse, à la fois par ses efforts de raisonnement et par sa force de caractère pour s'isoler de certaines influences extérieures.

Ainsi, au-delà de leur description, nous chercherons à expliquer le *pourquoi* du caractère « perdant » des cinq styles décrits dans les pages suivantes :

> Suivre un gourou autoproclamé

> Se croire visionnaire
   - Approche top-down : le prétendu visionnaire sur la macro-économie.
   - Approche bottom-up : le prétendu visionnaire sur l'évolution d'une action particulière.

> Penser que le graphique du cours est utile pour prédire l'avenir (ou que l'analyse technique est une science utile…)

> Acheter quand tout le monde pense que ça va monter.

> Vouloir être le premier à posséder une action à la mode.

Chapitre **A.1**

Suivre un gourou autoproclamé

Le suivi du gourou autoproclamé est peut-être l'erreur la plus caricaturale que nous allons aborder dans cette partie. Elle reste néanmoins un piège dans lequel tombent souvent les débutants, et mérite donc en ce sens quelques lignes d'attention. Il s'agit de suivre les yeux fermés une sorte de vendeur de liste/lettre qui vous vend des conseils d'achat d'actions en échange d'un abonnement. Sur la forme, ces conseils peuvent vous parvenir par l'envoi de mails, la publication de lettres mensuelles etc…

Cette technique est rarement payante pour plusieurs raisons. D'abord, si votre gourou autoproclamé était un si brillant investisseur que ça, pensez-vous qu'il aurait le besoin (ou l'intérêt) de vous vendre ses tuyaux en avant-premières pour quelques centaines d'euros par mois ? A priori, j'ai tendance à penser que s'il ne se contentait pas de gérer uniquement ses propres placements, la structure à la tête de laquelle devrait se trouver un tel brillant esprit ressemblerait a minima à un fonds commun de placement.

Ensuite, ce type de gourou va annoncer un historique de performance peut-être brillant, mais invérifiable. Sa technique consiste souvent à envoyer plus de conseils d'achats qu'il n'est possible de réellement en suivre pour un investisseur, dont le portefeuille n'a par définition pas une profondeur de liquidité infinie. Ceci a une certaine logique…si on fait l'effort de se placer du point de vue de notre gourou ! En effet, nous ne pouvons pas posséder une infinité d'actions différentes. Ainsi, lorsqu'on parle d'une action donnée, le public qui ne la possède pas est plus large que celui qui la possède. Par conséquent, le gourou va envoyer beaucoup plus de conseils d'achat que de vente, car sa vraie priorité est d'intéresser le maximum de public afin de vendre son abonnement. Il doit également satisfaire ses nouveaux abonnés qui n'ont peut-être pas encore d'actions, et qui après tout ont payé pour obtenir ses tuyaux et non pas pour entendre que ce n'est pas le moment d'acheter. Tout ceci renforce cette tendance à multiplier les incitations à l'achat. Le gourou s'en sort donc en général mieux dans les marchés haussiers que dans les marchés baissiers, puisque ses clients sont souvent pleinement exposés au moment du retournement à la baisse.

De plus, ces multiples conseils d'achats lui permettent de faire d'une pierre deux coups. Si vous listez dans l'année une petite centaine d'actions à acheter, il y en aura bien une dans le lot qui se trouvera être un multiple-bagger[10]. En bon gourou, vous oublierez alors celles qui ont tourné à la catastrophe, et bâtirez votre communication commerciale autour de cette réussite et de vos talents miraculeux capables de dénicher de telles trouvailles exceptionnelles.

Un gourou utilise en général de grosses ficelles pour convaincre un public à faible esprit critique de la pertinence de ses propos. Il pourra par exemple utiliser ce type de phrase où l'on a l'impression qu'il s'engage sur une prévision : « *Le marché finit le mois sur une dernière hausse et pourrait avoir besoin de souffler sur un support du CAC à 3200 points [...][Ndla : plusieurs lignes de baratin...]. Le marché devrait rester confiant, et les fondamentaux laissent espérer une atteinte prochaine des 3500 points pour le CAC* ».

---

[10] Multiple-Bagger : on appelle "multiple bagger" une action dont le prix a au moins doublé par rapport au prix d'achat, par exemple une action achetée 10 € qui cote 30 € est un 3-bagger

Quand vous recevez cet avis, devinez à quel niveau est le CAC 40 ? Oui, bien sûr vous avez deviné : pile au milieu, à 3350 points !

Vous comprendrez alors que votre gourou ressortira un mois plus tard le début de sa prose si le marché a baissé, et la fin de celle-ci s'il a monté. Il agrémentera au passage fièrement son discours de la mention « comme je l'avais prévu... »

« Je pense que le mieux est de faire beaucoup de prévisions. Les gens oublieront celles où je me suis trompé et s'émerveilleront sur le reste », Alan Cox

De plus, le gourou a tendance à profiter de la naïveté de ses abonnés quand il leur fait un rapport sur sa performance. Ainsi, il a tendance à comparer la performance de certains de ses portefeuilles (oui, souvent il en a plusieurs, histoire de pouvoir en « oublier » un qui viendrait à être défaillant...) au CAC 40, précisant que son portefeuille surperforme ce dernier. La plupart de ses abonnés n'ont en effet pas assez de culture financière pour savoir qu'il suffit d'acheter les quarante actions du CAC40 et de les placer dans son portefeuille pour être certain de surperformer l'indice : en effet, le CAC40 est un indice nu qui ne comptabilise pas les dividendes, alors qu'un portefeuille composé d'actions du CAC40 va bien profiter de ceux-ci. Battre le CAC40 n'est donc pas une performance en soi...Il existe des variantes de l'indice CAC40, qui comptabilisent quant à eux la performance dividendes réinvestis (le CAC40NR pour *Net Return* qui intègre la fiscalité, et le CAC40GR pour *Gross Return* qui quant à lui ne l'intègre pas). Mais ce n'est bizarrement pas à ces indices-là qu'un gourou va se comparer...

Voilà pourquoi espérer tirer un profit important d'un abonnement à une lettre mensuelle, ou à des mails de conseils payants n'est souvent pas la panacée.

On notera qu'il peut néanmoins exister quelques exceptions : ainsi l'équipe dite des « daubasses [11]» essaie de s'inspirer des thèses de Benjamin Graham pour mettre en pratique un style value bottom-up tel que nous le décrirons comme un des styles gagnants au chapitre C.2.2. Or, leurs portefeuilles et analyses sont distillés dans une lettre payante. Comment savoir alors qu'il s'agit d'une exception ? Il suffit de vérifier que nous nous trouvons à des années lumières du portrait-robot du gourou que nous venons de dresser. Ainsi, dans le cas des daubasses, deux raisons simples sont suffisantes pour s'en convaincre. D'une part, une philosophie générale d'investissement correspondant à un style gagnant est clairement affichée. D'autre part, le prix modique de l'abonnement annuel (quelques dizaines d'euros) montre qu'ils sont loin de se placer dans une logique purement mercantile.

---

[11] Voir www.daubasses.com

Chapitre **A.2**

Se croire visionnaire

A.2.1 Le prétendu visionnaire sur la macroéconomie

Une approche « top-down »

Il peut certes sembler intellectuellement beaucoup plus sérieux de s'appuyer sur des prévisions macro-économiques pour gérer un portefeuille boursier que de suivre les conseils du gourou caricatural que nous venons de décrire. Et c'est bien là le piège, car en général l'application d'une telle méthode échoue à rendre un portefeuille boursier performant.

Le raisonnement consiste ici en ce qu'on appelle une approche « top-down » : on part des prévisions sur l'évolution de l'économie globale (le haut) pour aller vers l'achat des actions (le bas), en déduisant le moment opportun pour passer à l'acte d'achat en fonction de ce que nous disent ces prévisions.

L'investisseur individuel est aujourd'hui arrosé de nombre de prévisions économiques : chaines d'information continue type BFM, Internet, journaux, magazines... Il peut donc sembler logique d'utiliser les travaux d'économistes pour anticiper les mouvements du marché, puisqu'après tout l'économie est bien considérée comme une science, est pratiquée, et en ce sens on peut considérer qu'elle doit logiquement donner des résultats. Mais si on remet les choses en perspective, la médecine médiévale était aussi considérée à l'époque comme une science : pouvait-on pour autant considérer toutes ses thèses comme saines et en faire la base de bonnes décisions pour les malades ? Non, car cette science était à un stade tout simplement trop peu avancé.

On peut isoler deux **raisons principales** qui font de l'utilisation de prévisions macro-économiques en bourse **un style perdant** : la **difficulté du timing** d'une part, et un marché **actions plus indépendant du cycle économique** qu'on ne le croit d'autre part.

La difficulté du timing

Si on peut retirer une certaine logique des conclusions des économistes, la difficulté vient du timing : une augmentation sensible des taux d'intérêt diminuerait la capacité d'emprunt des ménages et devrait bien faire reculer le prix des biens immobiliers[12]. Oui, mais à partir de quel niveau de taux la baisse s'enclencherait-elle ? Et quand ? Tout de suite, ou après une inertie de trois ans ? Il est en fait impossible de répondre avec une logique et une certitude absolues à de telles questions. L'économie n'est en effet pas une science à vérité immuable comme les mathématiques, mais reste une science humaine.

Pour s'en convaincre, il existe un exercice simple. Vous avez sans doute remarqué la mode qui consiste pour la presse à publier les prévisions économiques de divers « experts » chaque début d'année, et les conséquences potentielles de celles-ci sur le marché actions par application de ce fameux raisonnement « top-down ». D'abord, vous pouvez constater que pour une même année, les avis divergent selon votre source, ce qui tend à confirmer que l'art de la prévision économique est une science inexacte.

---

[12] À titre exceptionnel, nous nous autorisons à prendre ici un exemple sur l'immobilier plutôt que sur les actions, car il nous semble plus intuitif et illustratif pour le lecteur.

L'exercice le plus intéressant consiste cependant à essayer de retrouver de vieux exemplaires de début d'année de journaux comme « Les Echos » ou de magazines comme « Capital ». À ce stade, vous vous attendez sûrement à ce que je vous dise que vous allez y retrouver des prévisions dont on sait aujourd'hui qu'elles se sont révélées totalement fausses. Certes, je vous confirme cet aspect des choses, mais ce n'est pourtant pas cela qui devrait le plus vous surprendre : le plus troublant est en effet de constater à quel point les arguments venant étayer les prévisions qui se sont révélées in fine les plus erronées semblaient totalement logiques et pertinents au moment où ils furent écrits !

« Les prévisions vous en disent beaucoup plus sur ceux qui les font que sur l'avenir. », Warren Buffett

Cette problématique du timing ne concerne pas uniquement l'acte d'achat, mais elle s'étend aussi à la décision de vente. Comme nous le verrons par la suite, la question de la vente[13] est l'une des plus compliquées à traiter, et ce, y compris pour les styles gagnants. L'approche top-down inhérente au visionnaire sur la macroéconomie complique néanmoins encore plus la donne. Prenons l'exemple de l'investisseur qui a prévu une baisse de la parité Euro/Dollar et a alors conclu à l'opportunité d'acquérir un portefeuille de Sociétés européennes exportatrices, jugeant que la future parité aidera celles-ci à conquérir des parts de marché. Que doit-il faire si la parité Euro/Dollar se met à monter contrairement à ses prévisions ? Doit-il vendre ? Pas nécessairement, car il peut avoir raison à horizon long terme... Ainsi, pour qui adopte ce style, la problématique du timing pénalise donc également l'acte de vente : quand et comment peut-on décider que l'on s'est trompé ou non sur sa prévision ?

---

[13] Elle est d'ailleurs souvent ignorée dans les ouvrages sur l'investissement en bourse.

Indépendance entre cycle économique et marché actions

Les phases du cycle économique, présentes ou à venir, ont bien une influence sur le marché actions, et en ce sens on ne peut pas parler d'indépendance entre les deux. La bonne interprétation du mot *indépendance* dans le sous-titre ci-dessus est de considérer qu'il y a *une influence, mais pas une dépendance totale* entre les deux.

Le marché actions est en effet soumis à plusieurs forces, comme :

- L'état du cycle économique certes, mais aussi :
- Le niveau et la pente de la courbe des taux d'intérêt,
- Le contexte en matière d'inflation,
- L'attitude bienveillante ou non de l'État envers les entreprises et les actionnaires (fiscalité, incitations…),
- Les ruptures technologiques qui affectent les entreprises ou des secteurs d'activité entiers (exemple : modèle historique des opérateurs télécoms matures radicalement changé au début des années 2000 par l'avènement d'Internet et des mobiles).

Le modèle est encore plus complexe, car ses différentes forces ont chacune deux leviers d'action pour agir sur les prix de marché : par effet économique direct, mais aussi par impact sur la psychologie des foules. Il en résulte que le schéma est plus complexe qu'il n'y parait à première vue, et qu'il ne peut être manichéen : jamais ces composantes n'ont toutes en même temps une influence de même nature (positive ou négative) sur le marché. Si chacun des cinq passagers de votre voiture avait un volant impactant sa direction à hauteur de 20%, et choisissait en toute indépendance de tourner à gauche, à droite ou d'aller tout droit, vous auriez alors quelques difficultés à anticiper la trajectoire du véhicule…

Il ne suffit donc pas d'avoir trouvé la bonne prévision macroéconomique, il faut aussi ne pas s'être trompé sur son impact. Reprenons le parallèle que nous avions effectué au début du chapitre sur l'immobilier d'habitation. Nous disions que si les taux d'intérêt montaient, le prix de l'immobilier devrait baisser en raison d'une chute de la capacité d'emprunt des ménages. Mais dans certaines circonstances, nous pourrions très bien avoir raison sur la prévision macroéconomique (hausse des taux d'intérêt) et tort sur l'impact (chute du prix de l'immobilier d'habitation). Imaginons par exemple que la hausse des taux se fasse dans un contexte assez fortement inflationniste : la demande des accédants à la propriété pourrait très bien se voir remplacée par celle de gros patrimoines cherchant à convertir en biens tangibles leurs économies possédées sous forme de monnaie papier (dans le but d'éviter leur dévalorisation en monnaie constante). Or, cette nouvelle demande pourrait alors freiner la chute des prix immobiliers escomptée…

Ainsi, en raison de l'interdépendance entre le marché actions et des facteurs influents autres que le cycle économique, même une prévision macroéconomique adéquate et effectuée avec le bon timing peut se révéler sans intérêt si son impact a été mal estimé. Il y a donc en fait deux chances de se tromper, une au grattage (la prévision macroéconomique et son timing), et une au tirage (l'impact de la prévision sur le marché actions).

Un dernier argument pour les sceptiques…

Malgré les difficultés potentiellement rencontrées par l'investisseur qui adopte ce style, vous n'êtes pas encore totalement convaincu de son caractère perdant ? Supposons alors qu'il soit possible d'effectuer une prévision fiable, dans le bon timing, et en estimant correctement son impact. Pour en bénéficier, il faudrait alors agir avant que le marché actions ne l'ait prise en compte et ait bougé en conséquence. Ceci signifie donc que non seulement vous devez faire une prévision faible, dans le bon timing et en estimant correctement son impact, mais également que vous devez la faire mieux et plus vite que tous les concurrents qui essayent de faire la même chose que vous au même moment…

A.2.2 Le prétendu visionnaire sur l'évolution d'une action particulière

Quand on associe la difficulté de l'art de la prévision à une mauvaise approche « bottom-up »

Par beaucoup de côtés, se croire visionnaire sur une action particulière ressemble en termes d'inefficience à ce que nous venons de décrire, de par la difficulté à effectuer des prévisions correctes et avec le bon timing.

La principale différence se trouve dans son approche « bottom-up», puisqu'ici le visionnaire part du bas (l'action elle-même) pour aller vers le haut (la constitution de son portefeuille). Il n'a donc pas le problème du poids de sa prévision relativement à l'influence de facteurs macroéconomiques complexes.

Si nous laissons de côté les prévisions fausses, les prévisions correctes peuvent malgré tout être ici inefficaces principalement pour deux raisons :

- **La prévision est bonne, mais déjà intégrée dans le prix de l'action** : l'investisseur a par exemple acheté une action en misant sur une hausse du résultat des prochains trimestres. Il peut avoir raison, mais avoir fait une mauvaise affaire financière en payant trop cher son action au moment de l'achat. En effet, les autres investisseurs peuvent avoir fait des prévisions tout aussi optimistes voire plus, cette hypothèse étant alors déjà par anticipation intégrée, voire surestimée, dans le cours de l'action. En conséquence, l'investisseur a d'abord une chance sur deux lorsqu'il parie que les résultats seront meilleurs que prévu. Mais avoir raison à ce niveau-là n'est pas suffisant, puisqu'il n'a pas étudié à combien le cours courant de l'action valorisait le business sous-jacent. Si celui-ci est déjà surévalué, l'action ne réagira pas nécessairement par une hausse supplémentaire. Son espérance de gain globale est donc au final inférieure à une chance sur deux.

- **La prévision est bonne en termes de hausse de chiffre d'affaires ou de succès d'un produit**, mais il y a une **erreur** lors de l'estimation de son **impact sur le business**, i.e. elle ne se traduit pas par une **rentabilité** pérenne pour l'entreprise. L'investisseur repère ici une action, souvent star des forums Boursorama, et se dit que comme elle est dans un secteur à la mode ou qui va se développer, son cours va nécessairement monter. Or, il devrait faire ses devoirs beaucoup plus sérieusement, en analysant complètement la profitabilité du business-modèle de l'entreprise dont il a repéré l'action. Il devrait également estimer le risque que des concurrents lui soient supérieurs, et qu'elle ne fasse alors pas partie à terme des survivants du secteur...

Prenons l'exemple de Poweo. Quand le marché de la vente d'électricité aux particuliers s'est ouvert à la concurrence, beaucoup ont voulu « faire un coup » en achetant l'action Poweo. Leur raisonnement était simple : l'entreprise partait d'une part de marché nulle et il devait être facile, avec l'efficacité d'une start-up, de tailler quelques croupières à un vieux mammouth comme EDF. L'entreprise a bien gagné des clients et fait du chiffre d'affaires. Cependant, elle n'avait aucun pricing power[14] : en effet, le prix de vente pratiquée par EDF auprès des particuliers étant politisé, il était inférieur à sa véritable valeur théorique pratiquée ailleurs en Europe. Pour schématiser, disons que l'État obligeait EDF à rendre une partie de sa rente de production nucléaire au particulier : ainsi, on avait par exemple un coût de revient de la production nucléaire de 35, un prix de l'électricité sur le marché de gros européen de 50, et un prix de vente au client final de 47. EDF faisait donc une

---

[14] Pricing power : capacité d'une entreprise à vendre ses produits/services à des prix élevés, lui assurant des marges.

marge de 12 sur sa vente au client final, mais celle-ci étant en fait composée d'une marge de +15 sur la production nucléaire et d'une marge négative de -3 sur la commercialisation au client final. Dans ces conditions, Poweo, qui ne se positionnait que sur l'aval de la chaine, ne pouvait pas prendre beaucoup de clients à EDF tout en dégageant en même temps des marges sur cette activité de vente au client résidentiel. Au final, Poweo a bien gagné un nombre important de clients, généré du chiffre d'affaires, mais ses résultats sont logiquement restés sensiblement négatifs. Le cours de l'action a fini par traduire cet état de fait, l'entreprise finissant par être vue par le marché plutôt seulement comme un portefeuille clients acquis (et potentiellement à vendre) que comme une future machine à cash. Le graphique Boursorama ci-dessous témoigne de la frustration qu'ont dû ressentir nos visionnaires, qui avaient bien vu juste sur l'émergence de l'entreprise et sa capacité à conquérir un portefeuille clientèle volumineux, mais s'étaient complètement trompés dans leur raisonnement sur le modèle du business sous-jacent et sa rentabilité...

On ne retrouve pas seulement une telle erreur sur des activités de services, et elle est même plus fréquente sur la vente de biens. L'écueil est ici de croire que la commercialisation d'un seul produit miracle ou en avance, va se traduire systématiquement par une profitabilité élevée et pérenne de l'entreprise. C'est particulièrement vrai dans le secteur technologique où il vaut mieux s'abstenir de chercher à détecter le futur Intel. Ainsi, la supériorité technologique d'un produit, même si réelle et objective, sera beaucoup plus éphémère qu'une supériorité qui serait seulement « perçue » par le consommateur, et donc plus subjective : il est ainsi beaucoup plus facile de vendre longtemps du Coca-Cola avec un pricing power élevé que des téléphones portables, même si ceux-ci intègrent une nouvelle fonction qu'aucun concurrent n'a encore dans sa gamme.

Chapitre **A.3**

Penser que le graphique du cours aide à prédire l'avenir (ou que l'analyse technique est une science utile...)

L'analyse technique ne peut être une science...

L'adepte de ce troisième style perdant effectue également une prévision sur l'évolution du cours de l'action. Cependant, plutôt que de s'appuyer pour cela sur des prévisions économiques futures, il se base ici uniquement sur le comportement passé de l'action. On rentre donc dans ce domaine appelé *analyse technique* qui consiste en pratique à tracer le graphique passé d'évolution du cours d'une action ou d'un indice, de chercher à y identifier différentes figures aux noms barbares (gap, biseau, marteau, couloir ascendant, breakout, épaule-tête-épaule etc...), et d'en déduire ses mouvements futurs.

« Si le jeu se réduisait à connaître le passé, alors les gens les plus riches seraient les libraires. », Warren Buffett

Certains considèrent l'analyse technique comme une véritable science, et on trouve d'ailleurs une vaste offre d'ouvrages traitant de cette thématique dans la littérature. Or, ce ne peut par définition être une science exacte ou fiable : si ça l'était, tout le monde pourrait prédire le cours d'une action pour le mois prochain, et donc l'acheter ou la vendre à bon escient et dans le bon timing. Tout le monde pourrait donc gagner de l'argent chaque jour en se contentant de suivre les directives de cette science, ce qui semble en pratique peu probable…sauf dans le monde des Bisounours !

Analyse technique ou télévision ?

En réalité, l'analyse technique est une approche particulièrement pauvre, qui en fait un style perdant pour les raisons suivantes :

- Jamais une méthode d'analyse technique n'a démontré dans le passé une fiabilité sur une très longue période historique.

- Si une méthode fonctionnant sur quelques années est mise en évidence, elle est aussitôt adoptée par de plus en plus de traders. Les cours des années futures ne peuvent alors plus se comporter comme ceux des années passées, du fait de la simple présence de ces traders et des nouveaux mouvements qu'ils génèrent en appliquant la théorie. Une méthode d'analyse technique est donc par essence autodestructrice, puisque son intérêt diminue exponentiellement avec le nombre de personnes qui la pratiquent.

- Ces fameux signaux techniques aux noms barbares ne sont pas si clairs que ça. D'une part, une même figure peut être interprétée différemment d'une personne à l'autre. D'autre part, les signaux ne sont pas tous concordants entre eux à un moment donné, de sorte que les conclusions de l'analyste technique sont toujours empreintes de doutes. À partir de combien de signaux concordants doit-il passer à l'action ? A parti de combien de signaux contradictoires doit-il s'abstenir ?

- Faire l'hypothèse que l'analyse technique dépasse la spéculation de pur hasard, cette dernière ayant par définition une chance sur deux de réussite, ne suffirait même pas à en faire un gage de réussite. D'abord, parce que l'analyse technique implique de nombreux mouvements, que les frais de transaction ne sont pas neutres, et qu'il faudra donc les compenser par vos gains. Ensuite, parce que vous allez être soumis à la fiscalité sur les gains : vous perdrez 100 si vous vous êtes trompé de sens, mais ne gagnerez que 80 si vous avez vu juste. Enfin, la stratégie qui consiste à couper ses pertes et laisser courir ses gains est belle sur le papier, mais beaucoup moins en pratique : beaucoup de vos positions d'achat pertinentes auront en réalité commencé par une petite hausse, avant d'enchaîner par une petite baisse en deçà de votre prix de revient, puis d'entamer la phase de hausse continue que vous aviez imaginée. Sauf que vous aurez coupé votre perte lors du petit décrochage, et ne verrez donc pas la couleur du bénéfice puisque n'étant plus possesseur de l'action lors de sa dernière ascension... Pour toutes ces raisons, il ne suffit pas d'avoir raison 51% du temps pour faire de l'analyse technique un style gagnant, mais il faudrait plutôt voir juste au moins les deux tiers du temps.

- On ne raisonne en analyse technique que sur le court terme et il n'est ici attaché ici aucune importance à l'entreprise sous-jacente dont l'action est achetée ou vendue sur ces signaux. Par exemple, on prend le graphique sur une période donnée, on juge que le point courant est bas, et qu'on devrait donc avoir un retour à la moyenne. Or, la santé du business de l'entreprise doit bien quand même avoir à un moment donné quelque influence sur le cours de l'action, non ? Peut-être que le retour à cette moyenne est totalement improbable, car cette moyenne correspondait à un environnement toute autre pour l'entreprise que la réalité courante, ou que cette moyenne correspond à une valorisation aberrante de l'entreprise sous-jacente.

« Nous avons toujours trouvé que la seule utilité de ceux qui font des prévisions de cours est de faire paraître les non-aveugles moins

stupides. Charlie et moi pensons que les prévisions court-terme sont un poison et qu'elles devraient rester enfermées sous clé dans un endroit sûr, hors de portée des enfants et aussi des adultes qui se comportent sur les marchés comme des enfants. », Warren Buffet

Adopter un tel style et espérer faire des miracles n'est donc définitivement pas la bonne approche. Il me semble que c'est Harry Browne qui résume le mieux les choses à ce sujet, et nous allons donc le laisser conclure ce chapitre.

« Vous utilisez l'analyse technique ? La question à vous poser est : n'y-a-t-il pas un programme plus intéressant à la télé que ce graphique ? », Harry Browne

Chapitre A.4

Acheter quand tout le monde pense que ça va monter (et inversement…)

L'investisseur qui attend qu'il y ait un consensus sur l'intérêt du marché actions pour acheter court à sa perte. De même pour celui qui choisit de se couper un bras après une forte baisse au prétexte qu'un écroulement encore plus fort du marché est à craindre.

Le cas le plus emblématique est celui des bulles. Beaucoup d'investisseurs se sont ainsi lancés dans les achats en bourse au début des années 2000, après une forte hausse du marché, et donc juste avant qu'il ne s'écroule.

Toutefois, sans aller jusqu'au cas extrême des bulles, il faut savoir que tout style gagnant implique à un moment ou un autre de savoir agir contre le sentiment général de la foule. Ne pas avoir assez d'indépendance d'esprit au point d'adopter un comportement moutonnier est donc une cause d'échec. Par conséquent, si vous avez besoin que les autres adoptent une attitude similaire à la vôtre avant d'agir, vous adoptez un style perdant.

« Vous n'avez pas raison parce que d'autres sont d'accord avec vous. Vous avez raison parce que vos faits sont exacts et que votre raisonnement est juste. », Warren Buffet

Un bon dessin valant mieux qu'un long discours, le graphique ci-dessous[15] présente le schéma de raisonnement adopté par de nombreux investisseurs individuels.

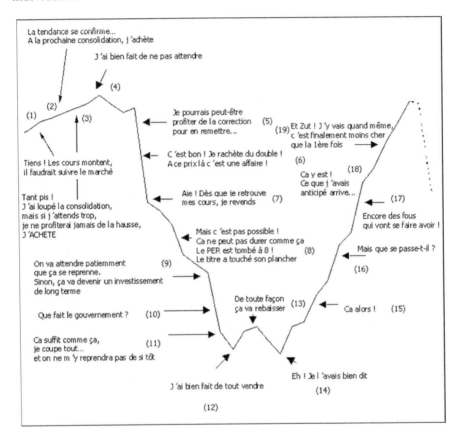

Il peut sembler un peu caricatural au premier abord, mais il n'est sûrement pas si loin que ça de la vérité. Si on considère que ce graphique est en ligne avec l'attitude de la foule, on voit bien que la bonne approche consisterait à vendre quand la foule achète (phases 1,2,3,4,5,6,19) et acheter quand elle vend ou est pessimiste (phases 10,11,12,13,14,15).

---

[15] Source : Thierry Béchu et Eric Bertrand, *L'analyse technique*

Chapitre **A.5**

Vouloir être le premier à posséder une action à la mode

Le piège des introductions en bourse

Les introductions en bourse ont quelque chose de sulfureux : vous allez être le premier à posséder l'une des actions d'une entreprise ! Cela peut être aussi bien une grosse entreprise qui fait la une des journaux qu'une potentielle start-up dotée d'une trouvaille promise à un bel avenir commercial.

En général, un investisseur individuel avisé s'abstient pourtant de souscrire aux introductions en bourse. Pour les compagnies très jeunes ou totalement nouvelles, la raison est assez intuitive : pour quelques-unes qui auront du succès, il y aura beaucoup de morts. Or, tout bon investisseur qui se respecte a pour but premier d'éviter une perte permanente en capital : puisqu'il sait qu'est impossible de détecter le futur Apple au berceau, il choisit de faire l'impasse sur ces jeunes pousses, et préfère se concentrer sur des Sociétés qui ont déjà démontré leur capacité à générer des résultats.

Pour les compagnies plus importantes, la raison est différente. On peut en effet avoir des compagnies qui ont réussi, et dont les créateurs décident de céder une partie de leur part au capital. La plupart du temps, ces Sociétés sont introduites en bourse à un prix trop élevé. D'abord, parce qu'il y a plus d'introductions quand les choses vont bien, c'est-à-dire dans des périodes où le marché est globalement bien valorisé. Ensuite, parce que les banques d'investissement, dont le rôle d'intermédiaire pour placer des titres dans de telles circonstances est une des activités les plus rémunératrices, se trouvent face à un conflit d'intérêts. Elles sont en effet rémunérées en pourcentage de la valeur financière totale de l'introduction et ont donc intérêt à ce que les titres placés auprès du public le soient à un prix élevé. Enfin, la raison la plus convaincante est donnée par le maître Warren Buffett :

« Il est presque mathématiquement impossible d'imaginer que, parmi les milliers de choses à vendre un jour donné, celle avec le prix le plus attractif soit celle vendue par un vendeur bien informé (un initié de la Société) à un acheter moins bien informé (l'investisseur individuel) », Warren Buffett

Ainsi, indépendamment de ce qu'on peut penser de la Société en termes de qualité d'investissement, on voit par exemple sur le graphique ci-dessous[16] qu'acheter une action Facebook à son niveau d'introduction de 38 $ en mai 2012 n'était définitivement pas le meilleur moment pour le faire !

---

[16] Source Boursorama (ce sera également le cas des autres graphiques de cours présents dans les pages suivantes, ce que nous ne repréciserons pas systématiquement)

Quelques exceptions à cette généralité néanmoins

Il peut néanmoins exister une exception au principe évoqué ci-dessus, selon lequel les offres initiales de souscription au public constituent en général de mauvaises affaires : il s'agit des privatisations.

En effet, dans ce cas, ce ne sont pas des investisseurs ou institutions privées qui vendent leur participation dans une entreprise, mais l'État. Or, ce sont les représentants de l'État, c'est-à-dire les élus, qui prennent ce type de décisions. L'ambition politique de ces élus passe avant la maximisation de la valeur de ce qu'ils vendent. Ils vendent un bien qui n'est pas le leur, mais celui de l'État. L'argent de la vente n'allant pas dans leur poche, ils ne voient donc pas d'intérêt particulier à chercher à en tirer le meilleur prix.

Ils raisonnent ainsi non pas en vendeurs d'un business, mais avant tout en vous voyant comme un futur électeur. Ces messieurs-dames seraient donc très gênés que vous perdiez par la suite de l'argent, que vous considériez qu'ils en sont les responsables, et que vous décidiez en conséquence de les sanctionner aux prochaines élections…Vous commencez à comprendre où je veux en venir ? C'est en effet essentiellement pour cette raison que contrairement aux introductions classiques, les actions d'entreprises qui sont privatisées peuvent être vendues au public à prix d'ami, et en ce sens constituer des opportunités. D'ailleurs, quand tel est le cas (souvent, mais néanmoins pas systématiquement !), vous devez en profiter, sinon vous vous faites avoir : un bien appartenant à une communauté dont vous faites partie est en effet alors bradé à des tiers dont vous ne faites pas partie…

Partie B

Styles intermédiaires

Investir en bourse : styles gagnants, styles perdants

Si les styles évoqués ci-dessous sont présentés comme « intermédiaires » et non comme « perdants », c'est parce qu'ils peuvent être appliqués dans un esprit d'investissement sain, non spéculatif, et ainsi être rentables.

Ces stratégies échouent néanmoins à égaler les styles gagnants pour l'une ou l'autre des raisons suivantes :

- La stratégie peut être efficace, mais elle expose l'investisseur à des risques non négligeables d'erreur de par sa difficulté de mise en œuvre.
- Il s'agit d'une méthode potentiellement efficace, mais qui ne peut constituer un style à elle seule, car elle ne peut être appliquée à l'intégralité d'un portefeuille.
- C'est une stratégie globalement correcte, mais qui a néanmoins le défaut d'être intrinsèquement inférieure aux styles gagnants.

Nous évoquerons dans cette partie deux principaux styles intermédiaires :

- L'approche séculaire du marché.
- L'utilisation des atouts de l'investisseur individuel par l'achat de ce qu'il connait.

Ces styles méritent malgré tout d'être abordés. Le premier cité a en effet l'avantage de nécessiter une implication moindre de l'investisseur qu'un style gagnant, car il est moins consommateur en temps et en réflexion. Quant au second, s'il ne peut constituer à lui seul une stratégie de gestion d'un portefeuille d'actions, l'utilisation de quelques-uns de ses apports pour agrémenter à la marge un portefeuille sera bénéfique à l'investisseur qui parvient à l'utiliser à bon escient.

Chapitre **B.1**

L'approche séculaire du marché

Un portefeuille initial constitué de Sociétés de taille significative dans dix secteurs d'activités

L'approche séculaire du marché consiste à posséder un portefeuille diversifié, couvrant l'ensemble des secteurs d'activités, et constitué d'actions de Sociétés de taille significative achetées à un prix raisonnable. Un tel portefeuille devrait en effet se comporter honorablement tant que l'économie continue à croître et que cette croissance se traduit dans une hausse du profit des grandes Sociétés.

Le principe d'un tel portefeuille est de couvrir l'intégralité du scope des secteurs d'activités. On distingue ainsi en général dix grands secteurs, que vous trouverez ci-dessous accompagnés d'exemples d'actions appartenant à chacun d'entre eux:

- Énergie (Total, Royal Dutch Shell, Exxon Mobil…)
- Consommation non discrétionnaire (Danone, Coca-Cola, Colgate…)
- Services financiers (Crédit Agricole, AXA, Bank of America…)
- Santé (Sanofi, Medtronic…)
- Technologies l'information (Microsoft, Intel, Hewlett Packard…)
- Matériaux de base (Dupont de Nemours, Lafarge…)
- Industrie (Saint-Gobain…)

- Consommation discrétionnaire (Peugeot, SEB...)
- Télécommunications (France Telecom, Telefonica...)
- Services aux collectivités (EDF, GDF, Enel...)

Alternativement, plutôt que de séparer le secteur de la consommation sur le caractère discrétionnaire, on peut distinguer ventes de biens et de services.

Des secteurs non égaux en attractivité doivent conduire à une répartition non équipondérée entre ceux-ci

Posséder des actions appartenant à chacun des secteurs précités ne signifie pas que vos positions doivent être équitablement réparties entre ceux-ci, c'est-à-dire que chaque secteur doive représenter 10% de votre portefeuille. En effet, tous les secteurs ne se valent pas, et il est plus facile pour les entreprises de développer des avantages concurrentiels et donc de générer des marges dans certains d'entre eux.

Ainsi, les secteurs du début de la liste seraient plutôt à surpondérer, car les entreprises y opérant ont tendance à parvenir à développer des avantages concurrentiels[17] :

- Le secteur de l'énergie bénéficie historiquement du pouvoir de l'OPEP qui se traduit par un pricing power.
- Le secteur de la consommation non discrétionnaire bénéficie de son caractère acyclique, et de la puissance des marques et réseaux de distribution des grandes Sociétés.
- Les services financiers, malgré leurs déboires récents, sont historiquement des business « faciles » sur leurs activités traditionnelles.

---

[17] Nous consacrerons un chapitre entier en D.3 à la détermination des avantages concurrentiels. Voyez donc ce qui est évoqué ici comme une première approche. Si vous choisissez d'adopter ce style, vous pourrez rebalayer ces lignes en deuxième lecture après avoir terminé le livre.

- Les acteurs de la santé, que ce soit les grandes pharmaceutiques ou les fabricants de matériel médical ont jusque-là réussi à conserver de fortes barrières à l'entrée, grâce respectivement soit à leur flux de brevets, soit à leur relation historique avec le corps médical (un chirurgien habitué à poser les prothèses de la hanche de telle marque lui reste en général fidèle, préférant passer son précieux temps à autre chose qu'à l'apprentissage des alternatives concurrentes).

Le sort des business de fin de liste est plus difficile. Contrairement au secteur de la consommation non discrétionnaire, celui de la consommation discrétionnaire est cyclique et subit les crises de plein fouet : vous remplissez votre réfrigérateur même quand les temps sont durs, en revanche vous décalez le renouvellement de votre voiture. Quant aux télécoms et services aux collectivités, s'ils ont historiquement été des investissements de père de famille généreux en dividendes réguliers, c'était grâce à un avantage concurrentiel aujourd'hui perdu, celui donné par la régulation ou les situations de monopole. Or, la minute de téléphone ou le kWh d'électricité n'étant finalement qu'une « matière première[18] » du point de vue du consommateur, aucun critère de différenciation autre que le prix n'émerge : la guerre des prix fait donc désormais rage entre les acteurs du secteur.

Au milieu de la liste, on a des secteurs à mi-chemin entre ces deux ensembles. Si on prend l'exemple de la technologie de l'information, les

---

[18] Le propre d'une « matière première » telle qu'on l'entend habituellement (pétrole, charbon, cuivre etc...) est qu'elle constitue un produit identique quel que soit l'acteur qui la produit ou la vend. Dans de telles conditions, l'unique critère de choix qu'il reste à l'acheteur est donc logiquement son prix. Par analogie, quand un objet ou produit commence à avoir des caractéristiques non-différentiables qu'il soit proposé par un vendeur ou un autre, on dit que c'et objet est devenu assimilable à une « matière première ». Les consommateurs choisissant alors le vendeur uniquement sur le critère du prix, il s'ensuit en général une guerre des prix entre les acteurs, suivie par une érosion des marges.

vendeurs de hardware ont souvent un métier plus difficile que ceux de software : un ordinateur portable est aussi de plus en plus assimilé à une « matière première » par le consommateur (le prix étant alors vu comme seul facteur de choix), alors qu'il est en revanche difficile pour celui-ci de faire l'impasse sur les systèmes d'exploitation Windows. Tenant compte de ceci, l'investisseur qui souhaite adopter comme style l'approche séculaire du marché pourrait choisir la répartition ci-dessous.

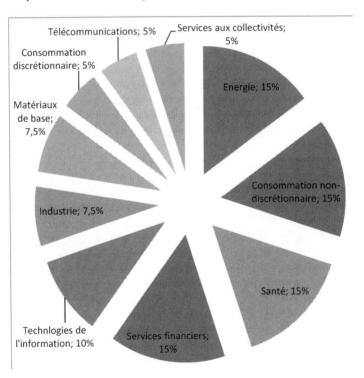

Un style plutôt passif, dont la gestion nécessite simplement un rééquilibrage vers l'allocation cible permanente

L'approche séculaire du marché est une stratégie relativement passive. On doit donc se concentrer sur des Sociétés de taille importante bien connues de tous, et éviter les petites capitalisations et jeunes pousses dans la sélection. En revanche, comme nous en détaillerons les raisons à la fin du chapitre C.3, il faudra savoir y inclure une dose de diversification géographique et ne pas se limiter à des Sociétés françaises. Quitte à devoir gérer à la fois un PEA et un compte-titre ordinaire. De même, la couverture de l'intégralité des dix secteurs devrait vous conduire à un portefeuille composé à la fois de valeurs de croissance et de rendement.

L'idée est donc de vous constituer un portefeuille basé sur des actions de Sociétés importantes, avec un pourcentage donné du portefeuille affecté au départ à chacun des secteurs. Lors de la phase d'amorçage, il est conseillé d'étaler les différents achats dans le temps afin de lisser les prix de revient. Vous éviterez ainsi de vous retrouver avec un portefeuille initial acheté intégralement sur un point haut du marché.

Lorsque le portefeuille sera constitué, et qu'il sera donc composé d'au moins dix actions, le poids relatif des secteurs ne restera pas figé. Celui-ci sera en effet affecté par les variations de cours des actions. Ainsi, imaginons que vous aviez au départ un portefeuille de 10 000 € avec 1 500 € d'actions Total achetées à 25 € et 1 500 € d'actions Sanofi achetées à 50 €. Si au après 3 mois, le cours de Total est de 30 € et celui de Sanofi de 40 €, et que celui des autres actions n'a pas bougé, vous serez exposé à hauteur de 12% au secteur de la santé et à 18% à celui de l'énergie au lieu des 15% initiaux. Votre nouvelle épargne devra alors s'orienter vers le secteur de la santé afin de maintenir au fil du temps l'allocation de départ constante. **Votre allocation de départ devient donc votre allocation cible permanente,** ce qui a l'avantage de vous obliger à acheter plutôt ce qui n'est pas cher. Si à partir d'un certain moment, vous ne comptez pas allouer de nouvelle épargne à votre portefeuille, le retour à l'allocation cible se fera par la vente des actions qui ont beaucoup monté (secteurs dépassant nettement leur poids de départ) et l'achat simultané de celles qui ont baissé ou monté moins que l'ensemble du portefeuille. Sachant que l'allocation cible reste un guide général, i.e. vous n'êtes pas obligé d'enclencher les ventes dès qu'un secteur d'activité représente 16% plutôt que 15%, au risque de payer des frais de transaction inappropriés. Vous enclencherez plutôt vos rééquilibrages lorsque le poids d'un secteur s'écarte *significativement* de l'allocation cible permanente.

L'intérêt de préférer les actions en direct aux fonds communs de placement

A partir du moment où cette approche est relativement passive, vous pourriez tant qu'à faire avoir envie d'en déléguer la gestion et préférer souscrire à des fonds plutôt que d'acheter des actions en direct. Si vous espérez ainsi doper la performance de votre portefeuille avec l'hypothèse qu'un gérant de fonds fera nécessairement une meilleure sélection d'actions que la vôtre, vous faites une grossière erreur de raisonnement...

Même avant prise en compte des frais de gestion, les gérants de fonds sous-performent l'évolution des indices[19]. C'est-à-dire qu'en vous contentant d'acheter les quarante actions du CAC 40 avec la pondération ad-hoc et d'attendre, vous ferez mieux que le gérant moyen d'un fonds orienté actions françaises, et ce même avant prise en compte des frais de gestion prélevés par ce dernier.

Si ce phénomène peut sembler bizarre au non-initié, il a néanmoins une explication rationnelle. Les gérants sont en effet payés avec les frais de gestion, exprimés en pourcentage de l'actif géré. Leur but premier est donc d'attirer le maximum d'argent, et ils se battent pour cela entre eux sur des critères de **performance relative sur des durées de court terme.** La raison en est simple : si un gérant sous-performe sensiblement le marché ou ses concurrents pendant ne serait-ce que deux trimestres consécutifs, son fonds va enregistrer des sorties de capitaux.

---

[19] *Vous pouvez être un génie de la bourse*, Joël Greenblatt

Or, un investisseur individuel qui raisonne à long terme aura un avantage indéniable sur ces gérants de fonds. En effet, un portefeuille progressant à un rythme annuel de 6% pendant 10 ans aura une performance supérieure à un portefeuille qui avancerait au rythme de 7,5% pendant 9 ans et céderait 10% la dixième année.

$$1.06^{\wedge}10 - 1 = + 79\%$$

$$[1.075^{\wedge}09*(1-10\%)] - 1 = + 72\%$$

La performance du second portefeuille est inférieure sur 10 ans, mais elle est d'un point de vue marketing plus facile à valoriser auprès de la clientèle 9 fois sur 10. La société de gestion va donc privilégier cette seconde approche, même si c'est aux dépens de l'investisseur qui lui a confié son argent. Afin d'éviter une fuite des capitaux et donc une chute du montant généré par les frais de gestion proportionnels, le gérant de fonds ne peut ainsi se permettre de souffrir d'une sous-performance relative à court terme. Il s'ensuit plusieurs inefficiences pour les décisions de gestion du fonds :

- Le gérant investit dans ce qui est populaire. Ceci conduit rarement à un style gagnant, puisqu'il implique d'acheter des actifs plutôt chers en suivant la foule. Pire, il fait parfois des arbitrages de portefeuille avant l'établissement de son rapport trimestriel/annuel en vendant les actions qui ont baissé et en achetant celles qui ont bien performé : le but non avoué étant que les investisseurs qui le lisent ne lui reprochent pas d'avoir fait tel mauvais choix ou d'avoir loupé telle opportunité. Ici encore, il achète ce qui est populaire (et est donc devenu cher) et vend ce qui est impopulaire.
- Le gérant ne peut pas attendre. Il se prive donc de bonnes opportunités à long terme si elles risquent de lui procurer une sous-performance à court terme. Mais le gérant a ses raisons : il prend moins de risques de fuite des capitaux s'il s'inscrit dans une médiocrité moyenne que si la recherche d'une meilleure performance long-terme lui coûte une année de sous-performance.

Dans ce dernier cas, et même avec une performance long terme potentiellement meilleure, les clients risqueraient en effet d'arbitrer immédiatement en faveur d'un fonds affichant des performances court-terme meilleures.

Ainsi, avant qu'il ne facture à l'investisseur ses frais de gestion, le fonds « moyen » aura donc sous-performé le marché. Mais ces frais de gestion viendront en sus sensiblement affecter la performance d'un portefeuille sur le long terme.

Prenons l'exemple d'un fonds « actions françaises de rendement ». Son but affiché est de retourner à l'investisseur des dividendes plutôt élevés de Sociétés de type Total, Vivendi, Sanofi, ou Gdfsuez. Le fonds va donc acheter ces actions et avoir tendance à les conserver. La gestion adoptée est donc relativement passive. Néanmoins, le fonds ne se privera pas de prendre ses 2% de frais de gestion au passage.

Imaginons par exemple que le rendement du portefeuille ainsi constitué soit de 6%, et que l'investisseur réinvestisse chaque année ses gains, ce qui permet de raisonner en intérêts composés. Le fonds aura donc un rendement annuel de 4% (6% moins les 2% de frais de gestion), alors que l'investisseur qui constitue lui-même ce portefeuille en achetant les actions en direct et le logeant dans son PEA aura un rendement annuel de 6%.

Pour 10 000 € investis, voici la situation au bout de 10 ans :

- Pour celui qui a acheté les titres en direct :
  10 000*1.06^10= 17 900 €, soit + 79%
- Pour celui qui a investi via le fonds :
  10 000*1.04^10= 14 800 €, soit + 48%

La différence est donc significative, et le serait encore plus si on raisonnait à 15 ou 20 ans. Pourquoi se priver de 31 points de rendement sur 10 ans pour payer un gérant qui choisit des actions que tout le monde connaît comme des actions de rendement, et dont la rotation du portefeuille est quasi inexistante ?

Au global, si on cumule d'une part les inefficiences des décisions liées à la compétition entre gérants sur les performances court-terme, et d'autre part les blessures que ces frais peuvent infliger au rendement d'un portefeuille, on constate que :

-   Utiliser des fonds communs pour mettre en application l'approche séculaire du marché fait pencher ce style (intrinsèquement plutôt correct) vers un style perdant.

-   L'investisseur qui adopte ce style doit donc le faire avec des actions possédées en direct, ou avec des trackers si son portefeuille est d'un montant trop réduit[20] pour acheter dix actions individuelles. Les trackers sont en effet des produits qui répliquent à l'identique un indice (CAC40, S&P500 etc...) avec des frais de gestion très réduits. Ceux-ci n'ont donc pas les défauts qu'on vient d'évoquer concernant les fonds : pas d'arbitrage inapproprié pour habiller le portefeuille, et des frais réduits qui plombent beaucoup moins la performance que ceux des fonds.

Les avantages de l'approche séculaire du marché en tant que style

Un des avantages de ce style réside dans son ratio d'efficacité, que l'on pourrait définir comme la performance potentielle rapportée au temps passé en réflexions et analyses par l'investisseur. Vous noterez en effet que la simple application du principe de rééquilibrage vers l'allocation cible permanente conduit à plutôt vendre (ou du moins ne pas racheter) ce qui a

---

[20] À cause des frais de courtage

monté, et à plutôt acheter ce qui a baissé. On se place donc de facto à l'encontre de la foule, par opposition au style perdant de l'investisseur suiveur que nous avions décrit au chapitre A.4, et qui est quant à lui toujours à contre-courant. Or, un grand avantage de ce style est que ce placement à l'encontre de la foule se fait ici de façon automatique, sans faire intervenir une quelconque réflexion de l'investisseur, ou une possible influence extérieure.

Par ailleurs, au-delà de la contribution négative de leurs frais à la performance, on a vu que même les gérants de fonds professionnels ne peuvent en général pas adopter une telle approche, à cause de la compétition entre maisons de gestion basée sur des critères de performance relative à court terme. Une bonne performance absolue est pourtant réalisée en achetant des titres sous-évalués et en vendant ceux qui commencent à être pleinement valorisés. Le style d'approche séculaire du marché s'inscrit bien dans cette tendance. De plus, pour cela il ne nécessite pas d'anticipation, ou de chercher à savoir si le marché est sur- ou sous-valorisé. Il suffit pour cela d'adopter la méthode avec une certaine rigueur d'application. Ce style pourra donc être adopté par l'investisseur qui souhaite passer peu de temps à la gestion de son portefeuille et adopter une stratégie simple. Si nous avons choisi de le classer comme style neutre plutôt que gagnant, c'est simplement parce qu'il existe mieux… Néanmoins, ce « mieux » implique une approche moins passive, et nécessitera donc plus de temps, d'efforts, et de passion. En revanche, l'approche séculaire du marché ne nécessite en pratique que quelques suivis ou rééquilibrages par an. On le conseillera donc à tout investisseur qui se sent trop juste en temps, compétence, ou affinités pour adopter l'un des styles gagnants présentés dans la partie C, mais qui se sent en revanche capable d'appliquer avec rigueur une méthode simple.

Chapitre **B.2**

Acheter ce que vous connaissez

Profiter des avantages de l'investisseur individuel par l'observation des tendances au plus près

En tant qu'individu, au-delà d'être un investisseur, vous êtes également un consommateur. Vous possédez donc un privilège par rapport au trader qui vit dans un monde parallèle et se contente d'explorer des graphiques de son bureau, car vous avez la possibilité d'observer les tendances au plus près. Ainsi, vous connaissez les objets et produits appréciés par votre famille ou vous-mêmes. Vous pouvez par exemple prendre l'habitude d'observer ce qu'il se passe quand vous déambulez dans les allées des commerces. Cela peut vous permettre de sentir les modes arriver, ou de déterminer les attachements aux marques pour tel produit, ou au prix pour tel autre, etc…

Il est possible de tirer profit de cet avantage. Pour illustrer ceci, examinons un cas précis, celui de l'émergence des GPS. Si vous lisez ce livre et cherchez à investir votre argent en Bourse, il est probable que votre foyer fasse partie des déciles supérieurs en termes de revenus. Vous avez donc sûrement acheté un de ces objets dès 2005 ou 2006, c'est-à-dire avant que presque tout le monde en ait un, et pu constater à quel point cet objet transfigurait les trajets en voiture lors de départs en week-end. Le GPS a entre autres changé la vie de votre femme : grâce à lui, elle n'a plus besoin de tenir en permanence une carte encombrante sur ses genoux, et surtout elle ne se fait plus engueuler parce qu'elle ne sait pas la lire[21]... Étant parmi les premiers utilisateurs du produit, vous auriez alors pu anticiper la démocratisation du produit qui a suivi, avec des ventes de GPS qui ont explosé en 2007. La Société TomTom a logiquement tiré parti de ce succès, et le cours de son action s'en est ressenti, comme l'illustre le graphique ci-dessous.

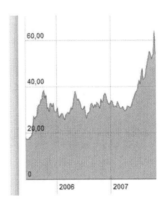

Ainsi, l'action traitait à moins de 20 € mi-2005 et s'échangeait à plus de 60 € fin 2007. Étant un des premiers utilisateurs, vous auriez donc pu ressentir dès 2005 que le GPS était un produit apportant au consommateur une véritable valeur ajoutée, et décider par conséquent d'acheter l'action TomTom. A fin 2007, vous auriez alors eu un large sourire, puisque la valeur ce cette action avait triplé !

Cela vous semble trop beau pour être vrai ? Vous avez peut-être raison... Après tout, il est vrai que vous lisez un chapitre traitant des styles intermédiaires et non des styles gagnants. En effet, pour être gagnant, vous

---

[21] Chères lectrices, je fais une blague machiste par livre. C'est désormais chose faite et vous pouvez par conséquent continuer la lecture l'esprit tranquille... De plus, je dois confesser que ça a aussi un peu changé ma vie, notamment au sujet de ma crédibilité dans mon rôle d'homme : le repérage géographique n'était pas mon fort auparavant....

auriez dû acheter les actions TomTom en 2005, mais aussi les vendre avant début 2008. L'observation des tendances au plus près est un style difficile, puisqu'il nécessite deux bonnes décisions : une bonne anticipation des tendances à l'achat, et un bon timing à la vente. Or, la fenêtre de tir pour le timing de cette vente peut, encore plus que pour l'achat, être très réduite. La suite du parcours de l'action TomTom au-delà de fin 2007 est en ce sens très révélatrice.

Pourquoi ce revirement de tendance ? Tout simplement parce que les profits générés par le succès d'un produit technologique de grande consommation comme un GPS sont généralement éphémères. L'arrivée de concurrents et les améliorations technologiques deviennent très vite des menaces pour la stabilité des profits de l'entreprise pionnière. On retrouve cette problématique de façon similaire dans beaucoup d'activités de ventes de biens ou de services aux particuliers, car c'est un secteur où il est rare d'établir des avantages concurrentiels durables. Le jouet dont on devinera le succès par observations des goûts de ses enfants fera peut-être un carton au

Noël suivant, mais sera oublié l'année d'après. Une marque de vêtement sortie de nulle part peut être mise soudainement sur un piédestal par la gente féminine, puis être considérée ringarde la saison d'après etc...

Acheter ce que vous connaissez en profitant de l'observation des tendances au plus près peut donc être considéré comme un style intermédiaire. Il est en effet possible de gagner de l'argent en utilisant ces atouts... Mais cela reste difficile, car cela revient en quelque sorte à un exercice de funambule. Ainsi, reprenons l'exemple des GPS et de l'action TomTom, et imaginons trois attitudes d'investisseur :

- Le premier n'a pas anticipé l'émergence des GPS et n'a pas acheté l'action TomTom.
- Le second a profité de son sens de l'observation des tendances au plus près en achetant l'action TomTom à 17 € en 2005. Mais il a attendu 2009 pour la revendre à 6 €.
- Le troisième a profité de son sens de l'observation des tendances au plus près en achetant l'action TomTom à 17 € en 2005. En voyant fin 2007 que des concurrents commençaient à proposer des produits équivalents avec une intensification de la guerre des prix, il a compris que les GPS étant en train de devenir une « matière première ». Il en a alors conclu que le succès courant des produits Tomtom ne pourrait bientôt plus être traduit en termes de profits du business, et a alors revendu son action aux alentours de 50 €.

Le premier investisseur n'a pas appliqué ce style, et n'a donc rien gagné ni perdu. Le second et le troisième investisseur ont tous les deux essayé d'adopter ce style avec des résultats forts différents : l'un a presque vu sa valeur triplée quand l'autre l'a vu divisée par trois. Ce dernier aurait donc mieux fait d'imiter notre premier homme et de ne rien faire. C'est donc pour cette raison que cette méthode ne peut être considérée comme mieux qu'un style intermédiaire. D'une part, elle peut être gagnante, mais pour cela elle nécessite certains talents ou aptitudes rares. D'autre part, elle ne pardonne pas les erreurs.

L'utilisation de commérages[22] fiables

Toutefois, il y a une autre façon, moins risquée que l'observation des tendances au plus près, d'aborder le style consistant à acheter ce que vous connaissez : l'utilisation de commérages fiables. Il s'agit ici d'utiliser ce que vous pouvez apprendre grâce une position privilégiée, détenue par vous-même ou par votre réseau.

Ainsi, vous travaillez peut-être au sein d'une entreprise d'un secteur d'activité donné. Au sein de ce secteur, vous êtes par conséquent capable de citer les forces et faiblesses des entreprises concurrentes. Vous êtes aussi potentiellement en mesure de ressentir les atouts ou lacunes de ses fournisseurs ou de ses clients, et ce, même mieux que pour les concurrents (contrairement à ces derniers, vous êtes en effet en relation directe et quotidienne avec fournisseurs ou clients). Par ailleurs, il n'est pas nécessaire d'exercer à titre professionnel dans une entreprise du domaine concurrentiel pour être concerné. Un médecin pourra observer de façon privilégiée l'organisation de la force commerciale des laboratoires pharmaceutiques, ainsi que leur capacité à proposer de nouveaux médicaments à l'expiration des brevets. Un fonctionnaire de collectivité territoriale pourra observer de plus près telle entreprise de traitement des déchets ou de gestion des eaux etc…

Ce qui est valable pour vous est également valable pour votre famille ou pour des amis en qui vous avez confiance. En croisant ces « commérages » obtenus grâce à votre réseau, vous êtes alors capable d'isoler un terrain favorable, peuplé de quelques entreprises que vous

---

[22] Le premier à avoir parlé de « méthode des commérages » est P.Fisher dans *Actions ordinaires et profits extraordinaires*

comprenez mieux que les autres. Au sein de ce terrain favorable, vous devriez donc en général être capable d'éviter les erreurs. Souvenez-vous de l'exemple de Poweo évoqué au chapitre A.2 : si vous aviez interrogé plusieurs professionnels du secteur de l'énergie avant d'acheter l'action, beaucoup vous auraient expliqué être convaincus que le modèle n'était pas soutenable économiquement à long terme.

Or, éviter les erreurs est un atout qui a plus de valeur qu'il n'en a l'air : en effet, si vous parvenez à éviter les erreurs, la plupart des autres alternatives seront alors gagnantes…

Au vu de cet avantage, on perçoit donc l'intérêt d'étendre son réseau afin de comprendre plus d'entreprises, et d'agrandir ainsi le fameux terrain favorable. La tentation vient alors d'utiliser les forums d'investissement que l'on trouve sur Internet. Je conseillerais d'être vigilant à ce sujet : le pire côtoie le meilleur sur ce type de forums, et n'importe qui peut se prétendre expert de tel domaine sans que vous ne puissiez le vérifier. De même, un ancien salarié qui aurait été remercié d'une entreprise pour insuffisance peut faire acte de vengeance en la dénigrant sur le web etc… On peut donc trouver des informations utiles sur ces forums, mais sans une sélection rigoureuse elles seront moins fiables que celles que vous récolterez directement. Utilisez cette voie pour récolter des informations, mais gardez votre esprit critique bien accroché à votre cerveau : bref, faites vos devoirs !

L'utilisation de commérages fiables est donc l'approche ayant le meilleur ratio rendement/risque pour adopter le style consistant à acheter ce que vous connaissez. Ceci ne peut en revanche constituer un style gagnant à part entière, tout simplement car il sera difficile d'étendre votre terrain favorable au-delà de quelques entreprises ou secteurs. Par conséquent, ce style sera insuffisant pour construire un portefeuille complet. Il faut donc se le représenter comme une méthode plutôt qu'un style, méthode pouvant être utilisée avec efficacité en complément de l'adoption d'un style gagnant.

Partie C

Styles gagnants

Nous arrivons enfin au moment que vous attendez depuis de nombreuses pages, avec la partie traitant des styles gagnants. Rassurez-vous, vous comprendrez avec le recul, si ce n'est déjà fait, qu'il était utile de prendre le temps de disséquer au préalable les styles inefficaces, ou ceux qui peuvent présenter un réel intérêt tout en n'étant pas les meilleurs.

Plutôt que de balayer les points communs aux styles gagnants en introduction de cette partie C, nous y consacrerons cette fois un chapitre entier. Les styles gagnants ont en effet quelques caractéristiques communes structurantes qui méritent d'être détaillées, afin d'être retenues par le lecteur. De plus, leur étude aide à comprendre pourquoi les styles présentés ci-après sont efficaces.

Nous enchaînerons dans le second chapitre, par la présentation du premier style gagnant, le style dit « value » ou « investissement dans la valeur », et ses nuances d'application. Nous nous intéresserons ensuite dans le troisième chapitre au second style gagnant, le style « croissance à prix raisonnable[23] ».

Nous nous arrêterons là pour les présentations, car il n'y a en réalité que deux grandes familles de styles gagnants. Nous conclurons donc cette partie C par un chapitre examinant les avantages et inconvénients respectifs des deux grands styles gagnants. Le but de ce dernier chapitre étant que vous soyez capable d'identifier lequel des deux styles gagnants est le plus en accord avec votre personnalité d'investisseur. Il est en effet fortement probable que l'un de ces deux styles vous laisse moins indifférent que l'autre, ou que vous vous sentiez plus confortable avec l'un qu'avec l'autre.

---

[23] Dit "GARP" en anglais : Growth At a Reasonable Price

Chapitre C.1

Points communs des styles gagnants

Investir plutôt que spéculer

Si les styles exposés dans cette partie sont gagnants, c'est parce qu'ils vous font investir plutôt que spéculer. En effet, vous vous **enrichirez beaucoup plus en investissant qu'en spéculant**.

Le point commun de ces styles est en effet de vous faire penser comme un investisseur. Or, un investisseur **raisonne « business »**, et ne voit une action ni comme un bout de papier, ni comme un graphique. Il analyse d'abord le business sous-jacent, puis il regarde dans un second temps le marché et le cours de l'action, pour savoir à quel prix il peut acquérir ce business.

L'investisseur espère faire un bénéfice de trois façons :

- par les cash-flows générés par le business sous-jacent, qui peuvent se traduire par une augmentation de la valeur de l'action ou être distribués en dividendes,
- par une réduction de l'écart entre le prix de l'action et valeur intrinsèque du business sous-jacent (l'investisseur ayant estimée cette dernière supérieure au prix de marché de l'action lors de son achat),

- par une élévation des multiples (PER etc…) que les autres investisseurs sont prêts à payer pour le business, qui se traduirait alors par une hausse du prix de la part.

A l'opposé, un spéculateur achète ou vend une action selon qu'il pense que le prix de cette dernière va prochainement monter ou baisser. Son jugement n'a donc rien à voir avec les fondamentaux du business sous-jacent, puisque sa préoccupation principale est alors plutôt de prédire ce que les autres vont faire.

Les spéculateurs peuvent avoir leurs heures de gloire dans un marché haussier à sens unique, puisque par phénomène d'auto-entretien de la bulle, ils arrivent à trouver des personnes encore plus optimistes qu'eux à qui revendre leurs actions à un prix encore plus cher. Cette situation est néanmoins en général éphémère.

En spéculant, vous cherchez en effet à battre le marché sur la base de prévisions. Ceci est dû à un biais psychologique humain qui fait que nous nous pensons plus malins que la moyenne. Sachez que vous avez cependant très peu de chances d'arriver à battre le marché pour deux raisons. La première, c'est que personne n'est capable de faire des prévisions, les analystes et macroéconomistes se trompent une fois sur deux, et la plupart n'avaient pas vu venir les crises ou retournements de situation : l'efficacité est donc égale à celle du pile ou face. La seconde est que les prévisions ont tendance à vous entraîner dans un comportement moutonnier très inefficace. Les prévisions ont en effet la fâcheuse habitude de prolonger les tendances, de sorte que vous allez vous convaincre avec la foule d'acheter quelque chose dont le prix a déjà beaucoup monté (donc très cher), juste avant que la tendance ne s'inverse. Ainsi, vous achèterez des actifs devenus « chers », peut-être en finançant ces achats par la vente d'actifs devenus « pas chers » de peur d'une chute sans fin de ces derniers.

L'investisseur fait lui justement l'inverse, en cherchant à acheter ce qui n'est pas cher relativement à la valeur intrinsèque qu'il estime. **Il raisonne de la même façon que s'il achetait le business en entier, même si en réalité il n'en achète qu'une fraction représentée par quelques-unes des actions en circulation.** Et l'adoption d'une telle attitude d'investisseur est justement un des points communs des deux styles gagnants.

L'hypothèse des marchés non-efficients

Les deux styles gagnants reposent sur une hypothèse structurante, à savoir que le prix d'une action donné par le marché ne reflète pas toujours sa véritable valeur, dite valeur intrinsèque.

Cette hypothèse est en désaccord avec la théorie moderne du portefeuille, cette dernière considérant que le prix d'une action est toujours juste à un instant t, car obtenu par le jeu d'ordres d'achat et de vente passés sur le marché par des acteurs parfaitement informés. La théorie d'efficience des marchés considère donc que le prix de l'action est juste, car il intègre toutes les informations disponibles à un moment donné.

Il y a bien pourtant une multitude de raisons possibles pour qu'à un instant donné le prix d'une action ne reflète pas nécessairement la valeur réelle du titre de propriété qu'elle représente :

- Le cours de l'action résulte d'un équilibre offre-demande entre acheteurs et vendeurs. Or, vendeurs ou acheteurs peuvent très bien agir pour des raisons indépendantes de la valeur intrinsèque du business sous-jacent : spéculation, besoin de cash, phénomènes d'exagération des foules tendant à exacerber outre mesure optimisme ou pessimisme etc…
- Le cours de l'action, et la capitalisation boursière d'une entreprise sont basés sur le prix des derniers titres échangés, c'est-à-dire sur un volume de titres réduits. Pourtant en pratique, il serait souvent

inenvisageable d'acquérir ou de vendre la totalité de l'entreprise à ce prix, la liquidité du marché à ce prix-là n'étant pas infinie.

-   Le marché a tendance à accorder un poids très important aux faits récents. Or, capitaliser le cours d'une action sur la valeur du résultat du dernier exercice peut-être trompeur.
-   Le marché a tendance à prolonger les tendances à l'infini. On va imaginer qu'une action qui a récemment beaucoup monté va encore accroitre ses profits sur les prochains exercices, et donc croire à une poursuite de la hausse de son cours. Cela peut être vrai si l'entreprise sous-jacente a su développer de solides avantages concurrentiels. Toutefois, si elle n'y est pas parvenue, le succès attirant la compétition, il est probable que celle-ci évolue dans un environnement concurrentiel moins favorable au cours des prochaines années. A l'inverse, on prolonge à l'infini la déprime d'actions d'un secteur d'activité donné, alors qu'en pratique les entreprises survivantes profiteront lors du retournement de tendance d'un environnement apuré, plus « monopolistique ».
-   Certains acteurs agissent indépendamment de toute considération liée à la valeur intrinsèque du titre de propriété sous-jacent. Ce sera le cas d'un analyste technique. De même, des fonds indiciels achèteront ou vendront une action (et donc, influeront sur son prix) simplement parce qu'elle rentre ou sort d'un indice.

Benjamin Graham, mentor de Warren Buffett, est le premier à avoir conceptualisé cette différence entre prix de marché et valeur intrinsèque dans *l'Investisseur Intelligent* sous la forme du personnage de M. Le Marché.

Il explique que M. Le Marché est un personnage maniaco-dépressif qui fixe chaque jour les prix auxquels il est prêt à vous vendre ou vous acheter des business. Son humeur oscillant entre euphorie et désespoir, parfois le prix qu'il va proposer sera juste, mais d'autres fois il sera bien trop bas ou bien trop élevé par rapport à la valeur intrinsèque du business sous-jacent.

Si vous imaginez M. Le Marché comme votre associé au sein d'un business donné, lorsqu'il sera déprimé vous aurez envie de lui acheter ses parts au prix qu'il propose, et lorsqu'il sera euphorique il sera alors temps de lui vendre vos parts. Vous pouvez également décider de l'ignorer certains jours, parce qu'il reviendra toujours le lendemain avec une nouvelle offre.

« La marché n'est pas une machine exacte comme une balance pour peser, mais plutôt une machine à voter », Benjamin Graham

Quand on y réfléchit un peu, c'est d'une logique implacable. Imaginez que vous ayez une voiture d'une valeur de 15 000 €. Votre voisin a exactement la même, et décide soudainement un matin de la vendre pour 4 000 €. Que faites-vous ? Vous décidez qu'il faut vendre la vôtre 4 000 € avant qu'elle ne perde plus de « valeur », ou alors vous en profitez pour acheter celle de votre voisin pour ces 4 000 € et remplacer ainsi celle de votre femme qui est sur le point de rendre l'âme[24] ? De même, imaginez que vous possédiez un business dans une « ville A ». Vous savez qu'il tourne bien et n'a pas de problème particulier en terme de débouchés ; de plus, vous connaissez sa valeur au regard de sa rentabilité. Un homme possède le même business dans une « ville B » et décide de le vendre à 50 % de sa valeur, car il a besoin de cash immédiatement pour des raisons personnelles. Vendriez-vous votre business de la « ville A » à 50% de sa valeur (car considérant que c'est son nouveau prix) ou profiteriez-vous de l'opportunité d'acquisition de celui de la « ville B » pour vous agrandir ?

« *Le point commun des investisseurs à succès est qu'ils prennent avantage sur M. Le Marché, alors que les investisseurs qui échouent se laissent guider par le marché »*, Seth Klarman

---

[24] Pourquoi la voiture de Madame est moins bien que la vôtre d'ailleurs, hein !?

Le concept de marge de sécurité

L'investisseur qui adopte un style gagnant estime donc que les marchés sont non efficients et qu'ils peuvent bouger à court terme par le jeu de forces offres/demandes qui n'ont rien à voir avec la valeur intrinsèque (i.e. celle du titre de propriété du business sous-jacent).

Les investisseurs qui réussissent considèrent néanmoins qu'à long terme, le cours de l'action rejoindra cette valeur intrinsèque.

Or, raisonner de cette façon est quelque chose de très puissant, car cela permet d'investir avec une **marge de sécurité**.

En achetant une action à un prix inférieur à sa valeur intrinsèque, c'est en effet comme si vous achetiez une pièce de 1 euro avec une pièce de 50 centimes. Attention, il faut espérer pour vous que la phrase précédente vous a parlé... En effet, Warren Buffett a souvent dit que soit on comprend ce concept immédiatement après l'avoir découvert à la lumière de cet exemple de pièces, et alors on l'adoptera. Soit, dans le cas contraire, il est vraisemblable qu'on ne l'adopte jamais, car il ne peut pas être appris graduellement.

« Le prix est ce que vous payez, la valeur est ce que vous avez », Benjamin Graham

Ce concept de marge de sécurité est très puissant pour deux raisons :

-   D'une part, il permet l'erreur. Si vous estimez que la valeur intrinsèque d'une action vaut 10 € et que vous l'achetez pour 5 €, peu importe que vous vous soyez légèrement trompé sur cette valeur intrinsèque et que celle-ci soit en réalité de 8 ou 12 €.
    « Il y a 2 règles pour investir, règle n°1 : ne pas perdre d'argent, règle n°2 : ne jamais oublier la première règle », Warren Buffett

- D'autre part, il permet d'espérer un rendement supérieur avec un risque inférieur. On identifie donc là une autre opposition à la théorie moderne du portefeuille qui considère que le rendement est proportionnel au risque, et assimile ce risque à la volatilité des prix. Ces thèses sont en général réfutées par les investisseurs qui adoptent l'un des deux styles gagnants.

« Dans la nouvelle théorie de gestion de portefeuille, il y a beaucoup de petites lettres grecques et toutes sortes de choses qui vous font croire que vous êtes en avance ou intelligent. Mais il n'y a pas de valeur ajoutée », Warren Buffett

Les investisseurs adoptant un style gagnant considèrent en effet que ce n'est pas le risque qui crée le rendement, car seul le prix le peut. Ceci peut d'ailleurs se démontrer par l'absurde. Ainsi, prenons une action considérée initialement comme risquée : si elle est considérée comme telle par de plus en plus d'acteurs, son prix va fortement baisser. Toutes choses égales par ailleurs (c'est-à-dire qu'on ne considère pas une situation de l'entreprise sous-jacente qui se serait dégradée entre temps), en l'achetant après cette forte baisse, on aura un potentiel de hausse (rendement) supérieure et un potentiel de baisse (risque) inférieur. On peut donc en conclure que le risque et le rendement doivent être analysés indépendamment pour chaque investissement.

La philosophie centrale des styles gagnants est donc de chercher avant tout à ne pas perdre d'argent. Même si cela peut sembler paradoxal, les investisseurs qui adoptent ces styles sont ceux qui surréagissent le moins à la volatilité des prix, puisqu'ils cherchent à prendre avantage sur le marché plutôt que de se laisser guider par celui-ci. Il faut donc entendre par *ne pas perdre d'argent*, qu'à un horizon de plusieurs années, un investissement ne doit pas être exposé à de sérieuses pertes du principal. Or, répondre à ce but est bien tout à fait cohérent pour l'investisseur à succès avec :

- L'adoption d'une marge de sécurité en utilisant l'hypothèse des marchés non-efficients.

  « Quand vous construisez un pont, vous insistez pour qu'il puisse supporter 30 000 livres, mais vous conduisez seulement des camions de 10 000 livres dessus. Et ce même principe marche en investissement. », Warren Buffett

- L'hypothèse qu'à un plus ou moins long terme, le cours rejoindra la valeur intrinsèque, et donc reflètera les profits et/ou actifs détenus.

  « Si les affaires se portent bien, le titre finira par suivre », Warren Buffett

Se laisser de la profondeur

À partir du moment où vous avez adopté les concepts de marchés non efficients et de marge de sécurité, une baisse de l'une de vos actions ne devient alors pas nécessairement un problème. Après tout, vous possédez toujours le même pourcentage des parts de l'entreprise sous-jacente qui continue quant à elle à vivre sa vie indépendamment des cours boursiers. Cette baisse des cours peut même être une opportunité. En effet, une baisse supplémentaire de l'action sera l'occasion de la renforcer à encore plus vil prix, et donc avec une marge de sécurité supérieure. En agissant ainsi, vous irez certes à l'encontre de la foule, mais si vous avez bien effectué votre estimation de valeur intrinsèque de manière sérieuse et conservatrice, cela ne doit pas vous arrêter. C'est d'ailleurs un des bénéfices collatéraux d'avoir fait cet effort de valorisation intrinsèque : en vous référant à la confiance que vous aurez en votre estimation de valeur intrinsèque, vous trouverez le cran d'agir contre la foule si M. Le Marché vous propose une remise vous offrant une excellente marge de sécurité. Vous vous retrouverez alors à agir à l'opposé du style perdant vu au chapitre A.4…

Attention toutefois, **avant** d'envisager l'achat d'une action, vous devez vous demander si vous serez prêt à la renforcer dans le cas où elle baisserait après votre achat. Si vous répondez non à cette question, il est probable que vous tendiez vers la spéculation, et vous éloigniez alors d'un style gagnant. Si en revanche vous répondez oui, vous agissez bien en investisseur et pourrez utiliser les techniques suivantes pour optimiser votre prix d'achat en moyennant à la baisse.

<u>Effectuer des achats réguliers en maintenant la somme achetée constante plutôt qu'en acquérant le même nombre d'actions</u>

Lorsque vous investissez en effectuant des achats réguliers pour lisser les prix d'entrée sur un titre, il est préférable d'investir chaque fois la même somme, plutôt que d'acheter chaque fois le même nombre d'actions.

Cette méthode vous permet en effet d'acheter plus d'actions quand leur prix est bas, et ainsi d'optimiser votre prix de revient moyen. À ce titre, la comparaison chiffrée entre les deux solutions est assez parlante à la lumière des tableaux ci-dessous :

- <u>Solution n°1</u> : lissage du prix d'entrée par achat du même nombre d'actions à chaque fois.

Mois	Nombre d'actions achetées	Prix unitaire de l'action	Somme achetée
Janvier	111	12 €	1 332 €
Février	111	6 €	666 €
Mars	111	9 €	999 €
Total	**333**	**9 €** (prix de revient moyen)	**2 997 €**

- Solution n°2 : lissage du prix d'entrée par achat du même montant à chaque fois.

Mois	Nombre d'actions achetées	Prix unitaire de l'action	Somme achetée
Janvier	83	12 €	996 €
Février	167	6 €	1 002 €
Mars	111	9 €	999 €
Total	**361**	**8,31 €** **(prix de revient moyen)**	**2 997 €**

On constate ainsi dans cet exemple que la méthode n°2 a permis d'obtenir un prix de revient moyen de 8,31 € par action contre 9€/action pour la méthode n°1. Ainsi, lorsque le prix de marché de l'action est de 9 € à fin mars, l'investisseur qui a choisi la méthode n°2 est déjà en plus-value latente, contrairement à celui qui a adopté la solution n°1. Une autre façon de voir les choses est que la méthode n°2 permet d'acquérir 28 actions de plus pour la même somme dépensée sur l'ensemble des trois mois.

Après une baisse, optimiser le prix de revient en divisant vos achats en trois, et en ayant trois niveaux « objectif » de prix d'achat plutôt qu'un seul

Lorsque vous attendez une baisse pour acheter, et voulez investir, disons, 3 000 € sur une action, plutôt que de vous mettre un seul objectif, il vaut mieux vous en mettre trois (prix objectif n°3 < prix objectif n°2 < prix objectif n°1) .Vous investirez alors votre argent en trois fois pour une somme d'un montant identique, ici 1000 € :

- Si seul votre premier objectif est atteint, et que le cours de l'action remonte à partir de celui-ci, certes vous n'aurez pas autant d'actions que vous le désiriez. Néanmoins, souriez ! C'est tellement rare d'acheter au plus bas...

- Si vous n'aviez pas deviné le plus bas, vous optimiseriez votre prix de revient en achetant plus d'actions lors de vos objectifs n°2 et n°3 (donc quand leur prix est plus bas),

L'aspect psychologique sera beaucoup plus facile à gérer en vous laissant cette profondeur. Vous vivrez en effet beaucoup mieux une baisse des prix s'il vous reste des munitions que s'il vous n'en reste pas.

Chapitre C.2

Le style « value » pur

Le premier style gagnant, dit « value » ou « investissement dans la valeur » est celui prôné par Benjamin Graham. Il a été adopté par des investisseurs ayant démontré sur la durée des performances exceptionnelles, de Warren Buffet dans ses jeunes années, à Walter Schloss, en passant par leurs disciples comme Michael Price, Joël Greenblatt ou Seth Klarman.

Philosophie générale de l'investisseur « value » : chasser le risque !

L'investisseur value cherche avant tout à éviter le risque. Il considère en effet que le futur est imprévisible sur tous les plans, et ne cherche à répondre à **aucune** des questions suivantes :

- L'économie va-t-elle passer l'année prochaine d'une récession à une croissance ou rester en récession (et inversement) ?
- Dans quel sens va évoluer le taux d'intérêt ? L'inflation ?
- Le prix de cette action va-t-il monter ou baisser dans les deux prochains mois ?

Plutôt que de chercher à répondre à ces questions, l'investisseur value va se placer dans la situation de survivre à toutes ces situations, et même de prospérer sur une durée englobant l'ensemble de ces situations. L'investisseur value regarde donc d'abord vers le bas en cherchant à éviter tout risque de perte définitive en capital, avant de regarder vers le haut et d'imaginer son gain potentiel. On parle bien de perte définitive en capital, car l'investisseur value est tout à fait prêt à supporter la volatilité du prix des actions et une baisse temporaire des siennes, car il ne vend que quand il le souhaite. Par corollaire, l'investisseur value n'investit en bourse que l'argent dont il sait qu'il n'aura pas immédiatement besoin.

L'investisseur value en pratique

L'investisseur value procède en pratique de la façon suivante :

- **1.** Il ne se circonscrit à aucun domaine particulier, espérant ainsi trouver plus d'opportunités d'actions bradées relativement à leur valeur intrinsèque.
- **2.** Il effectue une analyse conservatrice de la valeur intrinsèque de l'action d'une entreprise à laquelle il a choisi de s'intéresser.
- **3.** Il sait rester patient et discipliné. Il sait ainsi attendre que le prix d'une action qu'il a étudiée soit assez significativement inférieur à sa valeur intrinsèque pour passer à l'achat. Le but étant de bien sûr de disposer de sa marge de sécurité...
- **4.** Il ne cherche pas à battre le marché en termes de performance relative sur une courte période, mais raisonne plutôt en performance absolue sur une longue période. Il lui arrivera même de présenter des performances très médiocres relativement aux autres dans des périodes de bulles haussières. Toutefois, à travers plusieurs années englobant tous les contextes, il présentera sur le long terme des performances bien supérieures à celles de l'investisseur moyen.

Le style value pur est un style gagnant, car, tel que décrit ici, **il permet d'obtenir un rendement au-dessus de la moyenne pour un risque en dessous de la moyenne,** en opposition totale avec l'adage communément admis voulant que le rendement espéré soit proportionnel au risque pris.

C.2.1 Style value « top-down » : acheter des Sociétés leaders quand le marché est globalement bas

Une des façons d'acheter des actions à un prix inférieur à leur valeur intrinsèque (et donc avec une forte marge de sécurité) est de le faire pendant les périodes de désespoir. Si on reprend le graphique du chapitre A.4, on voit que ce sont les investisseurs qui investissent entre les phases n°10 et n°15 qui font en général les meilleures affaires, car ce sont ceux qui payent leurs actifs au prix le plus bas par rapport à leur valeur intrinsèque.

C'est la façon la plus simple d'adopter le style value sur sa première facette, l'aspect rationnel : les actions sont en général tellement bradées dans ces périodes de paniques extrêmes que les calculs nécessaires pour vérifier que leur prix est inférieur à leur valeur intrinsèque ne sont ni nombreux ni compliqués. C'est en revanche plus compliqué sur la seconde facette, l'aspect antiémotionnel, puisque savoir acheter dans ces périodes de panique demande une véritable force de caractère.

Il faut en effet être bien conscient que même pour un investisseur expérimenté, il sera difficile d'être capable d'agir la peur au ventre et la main presque tremblante… Ceci est dû au contexte émotionnel crée par un environnement qui est alors particulièrement hostile (avis des médias, des proches…), et à la peur de ramasser un couteau qui tombe. Ce moment arrive quand toutes les mains faibles ont déjà vendu et que même les mauvaises nouvelles commencent à avoir du mal à faire baisser les cours à des niveaux encore plus bas. Dans ces périodes de peur extrême, la masse de l'argent est drainée vers les actifs basés sur une monnaie et un taux (monétaires & obligations), ou encore sur l'or : C'est alors le moment de se tourner vers les actions…

« Soyez craintifs quand les autres sont avides, soyez avides quand les autres sont craintifs. », Warren Buffet

Réussir à agir contre la foule nécessite de s'être conditionné auparavant, et notamment de s'être conditionné psychologiquement. Faites un parallèle avec une vision de consommateur. Rappelez-vous que le prix à un instant donné n'est pas forcément lié à la valeur intrinsèque. Le mieux pour cela est sûrement de garder en mémoire les deux exemples du chapitre précédent : celui de la voiture, et celui du business similaire dans une seconde ville. Ils devraient vous servir si vous aviez à agir la peur au ventre lors d'un prochain krach boursier.

« Ayez le courage de vos connaissances et de votre expérience. Si vous avez tiré vos conclusions à partir de faits et si vous savez que votre jugement est sain, agissez, même si d'autres hésitent ou remettent à plus tard. », Benjamin Graham

Un portefeuille de Big-caps

Cette stratégie consiste donc à acheter des sociétés représentatives, c'est-à-dire leaders d'un secteur ou tout au moins de taille importante, au moment où le marché est globalement bas. On considèrera ici que le marché est globalement bas sur des critères objectifs de long terme, par exemple quand les critères quantitatifs de mesure de son prix (multiples des bénéfices etc..) sont nettement inférieurs aux moyennes historiques, ou quand les indices (CAC40, DAX30, S&P 500 etc...) atteignent des plus bas à cinq ou dix ans.

Vous devez vous concentrer sur des Sociétés de taille importante. En effet, à partir du moment où vous allez vous retrouver dans cette stratégie à acheter pendant des périodes de récession voire de dépression (et donc où toutes les valeurs de la cote sont disponibles à un prix « bradé »), autant acheter des valeurs qui ont tous les atouts pour survivre à la crise : ce n'est pas la peine de démultiplier le risque en s'aventurant sur des petites Sociétés qui risqueraient de faire faillite avant le retour à une période économique plus prospère. Il s'agit donc de se constituer un portefeuille de

Sociétés leaders de tous types, matures ou de croissance, représentant l'ensemble des secteurs d'activités. Idéalement, ce portefeuille sera également diversifié géographiquement.

En pratique, l'investisseur pourra estimer un prix normal de marché (pour son portefeuille ou un grand indice) sur la base de critères quantitatifs de valeur. Il pourra par exemple acheter son portefeuille de Sociétés représentatives, progressivement (i.e. en se laissant de la profondeur), à partir d'un niveau inférieur de 30% à cette valeur, et commencer à le revendre à partir de 30% au-dessus de cette valeur. Une autre approche, moins quantitative, mais néanmoins similaire, sera d'acheter quand la chute sans fin des bourses fait la Une des journaux télévisés, et de vendre quand la presse titrera à nouveau « le retour des actions », « l'eldorado de la bourse » ou autres titres du même genre…

Ce style demande énormément de courage et de force mentale à l'investisseur, puisqu'il faut passer à l'action malgré les prévisions de dépression relayées par les médias. Rappelez-vous comme nous l'expliquions au chapitre A.2 que d'une part les prévisions sont souvent fausses, et d'autre part que le cycle économique n'est que l'un des facteurs parmi d'autres ayant une influence sur le prix des actions. Appliqué correctement, ce style donnera sur le long terme de très bons résultats. Vous devez néanmoins être conscient de ses limites : acheter ces Sociétés leaders quand le marché est globalement bas ne vous garantira pas que le prochain mouvement immédiat du marché sera une vague de hausse. De même, lorsque vous vendrez votre portefeuille estimant que le marché est désormais surcoté, vous risquerez de rater tout un pan de la vague de hausse. La différence avec le style perdant « se croire visionnaire » évoqué au chapitre A.2 est donc ici subtile, mais elle est néanmoins certaine.

Au-delà des avantages généraux d'un style value, le principal avantage de ce style value « top-down » est son ratio rendement sur efforts. Ce rendement peut en effet être très élevé, alors que l'investisseur aura moins d'études ou d'analyses à effectuer que pour les styles présentés ci-après.

Son inconvénient principal est que l'investisseur devra parfois savoir patienter plusieurs années sans rien faire, et surtout sans avoir l'occasion d'investir si le marché boursier ne lui offre pas de krach. De plus, l'investisseur peut avoir choisi de placer sa canne à pêche seulement quelques pourcents en dessous du niveau auquel les poissons daigneront descendre avant d'entamer une remontée de plusieurs mois. Si un tel cas se présente, l'investisseur devra encore une fois faire preuve d'une discipline de fer pour ne pas remettre en cause sa stratégie, devant s'abstenir d'attraper ces poissons à un niveau trop élevé, par dépit d'avoir raté cette occasion. On en revient ainsi encore une fois au graphique du chapitre A.4…

« Si une entreprise vaut un dollar et que je peux l'acheter pour 40 cents, quelque chose de bien pourrait m'arriver. », Walter Schloss

C.2.2 Style value « bottom-up » : acheter des Sociétés individuelles décotées

La déclinaison « bottom-up » du style value consiste comme son nom l'indique à partir du bas pour aller vers le haut. On cherche ici à acheter des Sociétés individuellement décotées plutôt qu'un marché globalement bas. Elle a l'avantage d'être idéale quand le marché n'est ni particulièrement haut ni particulièrement bas. Elle a en revanche l'inconvénient d'être plus difficilement accessible, nécessitant plus de travail de la part de l'investisseur, et faisant appel à des connaissances comptables.

Alors qu'on ne trouve des Sociétés leaders fortement décotées qu'à certaines périodes de marché globalement bas, on peut potentiellement identifier une Société individuelle décotée à n'importe quel moment (on évitera néanmoins d'en acheter si elle décote seulement très légèrement dans un marché globalement surévalué). Pour être sous-évaluées et avoir ainsi été ignorées, ces Sociétés seront en général soit petites ou peu connues, soit auront montré par le passé des résultats irréguliers.

La déclinaison « bottom-up » du style value consiste à partir à la recherche de ces sources d'inefficience du marché, puis à acheter ce type de Sociétés individuelles décotées. Une des méthodes, caractéristique de ce type de raisonnement, est de partir du bilan comptable de ces Sociétés. Ainsi, si on parvient par exemple à acheter l'action d'une Société à un prix inférieur à sa valeur de liquidation, on dispose d'un collatéral à notre investissement et donc d'une marge de sécurité.

Dans une telle approche, si les dettes sont prises en compte en totalité, les actifs doivent être évalués un par un. Ainsi, afin de rester conservateur, les stocks seront par exemple dépréciés par rapport à leur valeur comptable (avec une dévaluation importante si ce sont des produits finis à perte de valeur rapide comme des vêtements [mode...] ou des produits technologiques, une décote faible si ce sont des matières premières etc..).

Benjamin Graham prônait de cibler les « net-net », des Sociétés cotant à un prix inférieur à leur actif courant net de toutes les dettes. Celui-ci était vu comme une bonne estimation de la valeur de liquidation de la Société, la dépréciation à passer sur les actifs courants était compensée par la valeur des actifs immobilisés non pris en compte dans l'évaluation. Le problème est que les Sociétés nets-nets sont aujourd'hui très rares. Il n'empêche que la philosophie générale peut être conservée ; c'est une approche similaire qui est par exemple développée par le site www.daubasses.com avec un certain succès. Plusieurs adaptations peuvent ainsi être effectuées en partant du bilan comptable pour arriver à une valeur d'entreprise :

- Des ajustements à la baisse, par exemple la déduction des intangibles comme les goodwills qui traduisent souvent l'appétit des dirigeants pour faire parler d'eux en effectuant une croissance externe à coup d'acquisitions surpayées plutôt qu'une véritable valeur d'actif.

- Des ajustements à la hausse, en rajoutant par exemple la valeur de l'immobilier, souvent sous-estimée dans le bilan comptable (immobilier acquis des dizaines d'années en arrière et enregistré à son prix d'acquisition).

Même de nos jours, il arrive encore parfois de trouver des Sociétés proposées par M. Le Marché à un prix inférieur à leur cash net de dettes. Les acheter revient alors bien à acheter une pièce de 1 € avec une pièce de 50 c€ ! Bien sûr, de telles Sociétés seront souvent petites, et montreront un historique de profits chahuté, voire de récentes pertes. Le risque étant que les pertes s'intensifient au point de rogner la marge de sécurité : imaginons par exemple que vous achetiez l'action d'une Société disposant de 5 € de cash/action et de 2 € de dettes/action pour un prix de 2 €. On peut estimer grossièrement que la liquidation de cette Société vous procurerait au moins 3 € de cash et la valeur des autres actifs (stocks, immeubles éventuels etc.). Si la Société n'a pas d'immeubles et que ses stocks valent peu, vous avez quand même une marge de sécurité de 1 € en achetant votre action à 2 €. Oui, mais voilà si cette Société perd 0,5€/action chaque semestre, il ne vous faudra qu'un an pour avoir vu votre marge de sécurité s'envoler !

Il faut donc d'une part éviter d'acheter les Sociétés présentant certes une marge de sécurité, mais qui dilapideraient leurs actifs trop rapidement (surtout si aucun signe d'amélioration n'est à envisager). D'autre part, du fait du caractère souvent chahuté des business sous-jacents de ces Sociétés cotant nettement sous leur valeur intrinsèque, vous devez constituer un portefeuille assez diversifié, constitué d'une bonne vingtaine de lignes.

L'approche prônée par Benjamin Graham ne consiste donc pas à acheter de petites Sociétés aux perspectives catastrophiques, mais plutôt de constituer **un portefeuille diversifié de petites valeurs dépréciées aux perspectives ordinaires.** Cette approche étant préférée à celle adoptée par de nombreux investisseurs en small-caps qui choisissent plutôt d'acquérir de petites Sociétés en forte croissance ou à la mode et qui les payent à un prix très élevé. L'investisseur adoptera donc sa stratégie value bottom-up :

- en la basant sur un portefeuille diversifié sur un certain nombre de lignes (sans aller non plus jusqu'à une surdiversification qui noierait son potentiel de surperformance). Les valeurs dépréciées individuellement se trouvent en effet souvent parmi celles qui ont montré un historique de résultats chahutés ou qui sont petites et inconnues des radars des fonds professionnels. Or, ces Sociétés sont plus fragiles et perdent plus facilement leur capacité à faire des profits en cas d'événements hostiles,
- plutôt quand le marché n'est ni bas ni haut. En effet, si le marché est très bas, autant acheter des grandes Sociétés leader à prix bradés en style value « top-down ». A l'opposé, si le marché est en bulle, un krach général risquerait d'affecter également ces valeurs dans des proportions importantes. En effet, bien que dépréciées, leur baisse pourrait dans ce cas trouver sa source dans leur moindre

liquidité et leur caractère de valeurs secondaires. L'investisseur value garde donc une proportion de liquidités importantes en cas de bulle, rien ne l'obligeant à être investi en totalité et en permanence.

Terrains de prospection en style value

Le terrain de chasse idéal de l'investisseur qui adopte ce style sera composé :

- Soit de titres fortement décotés (par exemple proposés à un prix inférieur à leur trésorerie nette de dettes, ou à leur valeur de mise en liquidation volontaire) en raison de l'instabilité de leurs business sous-jacent **et ayant idéalement un catalyseur en vue.** L'utilité de ces catalyseurs est d'encourager la réalisation de la valeur intrinsèque. La marge de sécurité s'en trouve alors plus confortable, car il devient plus probable que la réduction de l'écart entre prix et valeur intrinsèque s'opère dans un laps de temps restreint. On peut citer comme exemples de catalyseurs :
  - Une inversion des perspectives du secteur dans lequel opère la Société permettant la création d'une capacité de profit mieux en relation avec la taille des actifs de la Société,
  - Une acquisition par une plus grosse Société,
  - Une liquidation volontaire partielle ou totale etc…
  - Des rachats d'actions à des fins d'annulation par l'entreprise elle-même quand l'action est décotée,
- Soit de titres proposés à un prix inférieur à leur valeur intrinsèque en raison d'inefficiences du marché :
  - Small-caps rentables pas assez liquides pour intéresser les fonds,
  - Spin-off : il s'agit de Sociétés issues d'une scission en deux de leurs Sociétés mères. Si la Société fille cédée est d'une taille significativement inférieure à celle de la mère, les

fonds s'en séparent indépendamment du prix, car ils ne veulent pas perdre de temps à suivre une ligne représentant une partie infinitésimale de leur portefeuille,

- Valeurs boudées par les fonds, comme des Sociétés en restructuration ayant fait les choux gras des médias dans les années passées, par exemple AIG.
- Des titres complexes, incompris, ou inclassables du point de vue des catégories classiques et habituelles. Sur le marché français, on peut penser à Canal +, qui bien qu'étant officiellement une action, est en pratique une quasi-obligation avec un dividende connu à l'avance, indépendant des résultats de la chaîne, et garanti par la maison mère Vivendi (le prix de l'action réagit pourtant lors des annonces de gains ou de pertes d'abonnés de la chaîne Canal +, ce qui n'a aucune logique pour qui a étudié correctement le dossier concernant cette action). On peut également penser aux certificats coopératifs d'investissement sans droit de vote des caisses régionales du Crédit Agricole, du fait de la complexité de la structure liant ces caisses régionales et l'entité Crédit Agricole SA. Ces dernières sont d'ailleurs également ignorées pour d'autres raisons : d'une part, les investisseurs individuels refusent souvent d'avoir des banques en portefeuille, et d'autre part elles ne sont pas assez liquides et n'ont pas une profondeur de carnet d'ordre suffisante pour intéresser les institutionnels. De tels titres constituent des terrains de chasse fertiles pour les investisseurs dans la valeur, car ils peuvent y trouver des taux de rendement attractifs pour un niveau de risque donné, en comparaison avec des investissements dans des titres plus populaires.
- Des valeurs bradées du fait de comportements irrationnels des acteurs de marché, en particulier des institutionnels. En

effet, ceux-ci vendent parfois des actions pour des raisons tout à fait indépendantes de leurs fondamentaux, ce qui conduit parfois à déprécier leur prix jusqu'à un niveau inférieur à leur valeur intrinsèque. Les fonds indiciels vendent ainsi systématiquement les actions qui sortent de leurs indices. Par ailleurs, les fonds habillent parfois leurs portefeuilles en fin de trimestre ou d'année en vendant les lignes qui ont le moins bien performé afin de ne pas les afficher dans les rapports publiés à leurs souscripteurs, créant ou amplifiant ainsi parfois des décotes. Enfin, certains fonds s'auto-imposent parfois certaines contraintes, par exemple l'interdiction de détenir des valeurs dont le cours est tombé à un niveau à un seul chiffre (i .e. < 10 €).

Les investisseurs value « bottom-up » adoptent donc une attitude dans la même veine que ces connaisseurs qui écument les brocantes de petits villages à la chasse d'objets dont les vendeurs ignorent qu'ils auraient une valeur significative aux yeux des antiquaires. Ceux-ci choisissent des petits villages pour que la concurrence soit moins élevée, et y achètent donc ces objets à un prix inférieur à leur valeur intrinsèque. Vous pouvez donc les imiter si vous souhaitez adopter ce style. Attention néanmoins à ne pas acheter tout ce qui au premier coup d'œil ne paraît pas cher. Le prix de certaines sociétés peut être déprécié pour de très bonnes raisons : aller à l'encontre de la foule sera un facteur de succès à la condition expresse que vous soyez capable d'expliquer ce que vous voyez et que le marché ignore.

Quand vendre en style value ?

L'investisseur dans la valeur a **trois raisons de vendre** une action :

-   Soit parce que le cours de l'action a assez remonté pour rejoindre sa valeur intrinsèque,

- Soit parce qu'il a trouvé une autre opportunité encore plus dépréciée, et donc avec un potentiel de rendement plus important lorsque le prix rejoindra la valeur intrinsèque. Il s'agit alors d'une gestion saine de rotation de portefeuille : il serait en effet dommage de conserver une valeur qui cote seulement quelques points sous sa valeur intrinsèque, si de nombreuses autres valeurs fortement dépréciées sont disponibles sur le marché.

- Soit parce que son analyse initiale n'est plus valide. C'est pourquoi il faut savoir pourquoi une valeur est sous-évaluée au moment de l'achat. Imaginons par exemple que vous ayez acheté une valeur à un prix déprécié au vu d'une valeur intrinsèque que vous considériez comme stable. Si cette entreprise se met soudainement à brûler du cash à vitesse grand V, cette valeur intrinsèque ne peut plus être considérée comme stable. Votre raisonnement initial doit donc être remis en question.

Dans tous les autres cas, les investisseurs « value » ne vendent pas. Ainsi, les investisseurs value ne vendent pas dans les cas suivants :

- Dans le cas de fluctuations supplémentaires des prix à la baisse. Au contraire, ces fluctuations sont vues comme autant d'occasions de renforcer les lignes existantes avec une marge de sécurité encore plus importante.

- Sur la base de critères prédéfinis : pourcentage au-dessus du prix d'achat, seuil de gain, doublement du cours etc…

- Sur la base de « stop-loss ». Ces seuils de ventes qui se déclenchent automatiquement à partir d'un certain pourcentage de pertes donnent l'illusion de limiter le risque en bornant la perte maximum. Or, comme les petits ruisseaux font les grandes rivières, de telles petites pertes régulières mises bout à bout finiront par engendrer de grandes pertes… Cette limitation du risque par la technique des stop-loss n'est donc en réalité qu'une illusion : en pratique, les stop-loss transfèrent juste le pouvoir de décision au marché plutôt qu'à l'investisseur. Le marché décide alors à la place de ce dernier, le privant de l'opportunité de renforcer à vil prix des actions qu'il avait choisies sur des critères « value » et pour lesquelles la marge de sécurité s'est pourtant agrandie.

La seule règle à retenir est bien que tout investissement est à vendre à partir de son juste prix, c'est-à-dire de sa valeur intrinsèque. Si une action donnée a été achetée sur des critères « value » avec une marge de sécurité, elle est donc à vendre soit si son prix reflète mieux sa valeur intrinsèque, soit si cette valeur intrinsèque a baissé.

La décision de vente reste néanmoins une décision difficile, plus que celle de l'achat, car il faut rappeler qu'on ne peut pas connaître précisément la valeur intrinsèque d'une entreprise. Ainsi, à l'achat, l'estimation de la valeur intrinsèque n'a pas besoin d'être ultraprécise : si vous estimez celle-ci à 30 € à plus ou moins 20% près et que l'action cote 15 €, vous savez avec certitude que vous disposez d'une marge de sécurité, même si vous ne connaissez pas précisément l'ampleur de cette dernière (entre 9 et 21 € ici).

A la vente en revanche, cette plage d'erreur autour de la valeur intrinsèque est la source de troubles plus importants. Devez-vous vendre à 24 € afin d'être sûr de ne conserver en portefeuille que des positions avec marge de sécurité certaine, vous privant ainsi des 6 € de hausse supplémentaire jusqu'à la valeur intrinsèque moyenne estimée ? Vaste question… Si vous trouvez cette situation inconfortable, pensez à ceux qui se croient visionnaires que nous évoquions au chapitre A.2. Que doivent-ils faire s'ils prévoient que le cours d'une action va monter dans les deux mois en raison d'une reprise de la croissance économique et que le prochain indicateur mensuel penche plutôt vers une poursuite de la récession ? Vendre ? Oui, mais ils ont peut-être raison à plus long terme… Vous voyez, leur problème est encore bien plus compliqué à gérer que celui de l'investisseur dans la valeur en ce qui concerne la vente des lignes de leur portefeuille !

Chapitre **C.3**

Le style « croissance et avantages concurrentiels à prix raisonnable »

Le second style gagnant, dit « croissance et avantages concurrentiels à prix raisonnable », ou GARP (Growth At a Reasonable Price) en anglais, est fondé sur deux piliers :

-   L'achat sélectif **d'actions de qualité**, i.e. dont le **business sous-jacent a des perspectives de profitabilité supérieures à la moyenne**, par exemple avec des perspectives de croissance supérieures à celles de l'économie **ET** la capacité de **traduire** celle-ci en termes de **bénéfices**, **ET** ce, pendant **plusieurs années**,
-   L'attente du moment où on pourra acheter celles-ci à un **prix raisonnable**, c'est-en-dire sans les payer plus cher que ce qu'un businessman **prudent** paierait pour une affaire du même type dans une transaction privée.

Ce style a été adopté par Warren Buffett dans la seconde partie de sa vie, après sa rencontre avec Charlie Munger. Il s'agit en fait ici d'acheter des actions de qualité supérieure tout en ne les payant pas trop cher.

"J'essaie d'acheter les actions d'entreprises si merveilleuses qu'un idiot pourrait les gérer. Parce que tôt ou tard, cela arrivera !", Warren Buffett

Payer ces entreprises extraordinaires à un prix ordinaire revient donc bien à appliquer le concept de marge de sécurité. Toutefois, en appliquant des critères de sélectivité sévères en termes de qualités des business sous-jacents, il sera logiquement impossible de trouver des marges de sécurité d'une ampleur aussi importante qu'en style value. Les investisseurs GARP ont d'ailleurs souvent des méthodes un peu différentes de celles des investisseurs value pour évaluer les valeurs intrinsèques dont découlent les marges de sécurité : ils accordent par exemple plus d'importance aux intangibles. La difficulté de ce style est que lorsqu'une forte croissance est envisagée ou qu'une forte profitabilité est démontrée, le prix n'est pas toujours raisonnable et il faut donc éviter certains pièges.

« Un prix trop élevé pour une excellente compagnie peut annihiler pour l'investisseur les effets d'une décennie de développement du business de la Société », Warren Buffett

Nous disions en introduction de cette partie C que l'investisseur espère faire un bénéfice de trois façons :

- 1. Par les cash-flows générés par le business sous-jacent, qui peuvent se traduire par une augmentation de la valeur de l'action ou être distribués en dividendes,
- 2. Par une réduction de l'écart entre le prix de l'action et valeur intrinsèque du business sous-jacent,
- 3. Par une élévation des multiples (PER etc…) que les autres investisseurs sont prêts à payer pour le business, qui se traduirait alors par une hausse du prix de la part.

On peut considérer que le premier point correspond à l'obtention d'un « rendement sur business », et les seconds et troisièmes à un « rendement sur erreur d'évaluation du marché ».

Là où les investisseurs dans la valeur se focalisent sur l'obtention d'un rendement sur erreur d'évaluation du marché positif, les investisseurs GARP se focalisent plutôt sur l'obtention d'un rendement sur business positif. Simplement, ces derniers cherchent en parallèle à réduire le risque que ce rendement sur business positif puisse être annihilé par un rendement sur erreur d'évaluation du marché négatif. Pour cela, ils cherchent à acquérir d'excellents business tout en les payant à un prix raisonnable (eu égard à cette qualité ; il est en effet logique de payer la qualité plus cher que l'ordinaire, on le ferait bien pour une perceuse…tant que le surcoût resterait raisonnable).

Qualité des business, avantages concurrentiels, et barrières à l'entrée

Lorsqu'une entreprise fonctionne très bien et a un rendement sur capital investi élevé, elle risque d'attirer les concurrents. Dans ce cas, le risque est qu'il s'ensuive un phénomène de retour à la moyenne sur les profits. Imaginons ainsi une Boulangerie[25] n°1 qui s'installe dans une ville de 30 000 habitants sans autre boulanger à 50 km à la ronde. Elle décide de vendre sa baguette 2 € au lieu du prix de marché habituel de 1 €. La plupart des clients ne vont pas faire 50 km pour gagner 1 €, la boulangerie va donc commencer à engendrer des profits exceptionnels. D'ailleurs, si elle était cotée en bourse, peut-être que son action monterait, les spéculateurs anticipant une croissance reproductible sur plusieurs années.

Mais alors, étant donné que n'importe quel boulanger saura faire du pain avec de la farine, une boulangerie n°2 attirée par les profits faciles ne tardera pas à s'installer : elle se dira qu'en proposant sa baguette à 1€70, elle drainera des clients tout en faisant des profits très confortables par

---

[25] Merci à Philippe Proudhon, auteur du livre *Stratégies pour devenir Rentier* et webmaster du site devenir-rentier.fr à qui j'ai emprunté l'exemple du boulanger : même en réfléchissant longtemps, je n'ai pas trouvé mieux…

rapport à ce qui se pratique ailleurs…Et ainsi de suite jusqu'à ce qu'une boulangerie n°10 s'installe en reproduisant également les actifs de la première boulangerie et qu'il en résulte un alignement des prix sur le prix normal de 1€ la baguette…et une rentabilité alors beaucoup plus ordinaire…

Est-ce à dire qu'un business ne peut pas être d'une qualité supérieure ? Que par symétrie à un secteur sinistré où il ne finira par ne rester qu'un seul survivant en situation de monopole (et donc retrouvant sa rentabilité), une entreprise faisant des profits importants serait systématiquement condamnée à un retour de bâton ?

Pas tout à fait. C'est bien vrai dans le cas de la boulangerie puisqu'il n'y avait là aucune barrière à l'entrée pour la boulangerie n°1. Sa baguette était en effet substituable par n'importe laquelle des baguettes des boulangeries n°2 à n°10 ! Une Société qui fait des profits exceptionnels, mais qui évolue dans un terrain vague, sans avantage concurrentiel et barrière à l'entrée, finira donc par retrouver un niveau de profitabilité ordinaire.

Remplaçons maintenant la baguette de la boulangerie n°1 par un produit vu comme non substituable aux yeux des consommateurs, par exemple un pot de Nutella ou une bouteille de Coca-Cola. Si les concurrents n°2 à n°10 proposent un Ersatz de Nutella ou de Coca-Cola avec une marque inconnue pour quelques c€ de moins, êtes-vous sûrs qu'ils vont attirer tous les clients ? Faites l'expérience dans votre entourage : trouverez-vous y un gourmand qui vous dira préférer au Nutella original une pâte à tartiner quelconque sans marque ?

« La chose la plus importante pour moi est de déterminer l'importance des barrières à l'entrée autour d'un business. Ce que j'aime bien sûr est un grand château avec des douves profondes remplies de piranhas et de crocodiles », Warren Buffet.

Certaines entreprises arrivent donc à développer des avantages concurrentiels constituant des barrières à l'entrée pour les compétiteurs éventuels. Lorsque c'est le cas, la Société peut croître, tout en augmentant ses prix et en conservant des marges considérables. Nous reviendrons plus longuement sur les différents types d'avantages concurrentiels et comment les identifier au sein de la partie D, qui sera consacrée à la mise en pratique des styles gagnants. Tout en gardant à l'esprit qu'une majorité d'entreprises n'en possède aucun, contentons-nous pour l'instant de citer les quatre origines possibles d'avantages concurrentiels pouvant faire office de barrières à l'entrée :

- Des actifs incorporels (seulement sous certaines conditions, beaucoup d'entreprises ont en effet des actifs incorporels, y compris des marques très connues…qui ne constituent en réalité aucun avantage concurrentiel),
- Les coûts de transfert,
- L'effet réseau,
- Les coûts faibles.

Les 15 questions de Philip Fisher pour identifier d'excellentes entreprises de croissance

Selon Philip Fisher, dont le livre Actions ordinaires & profits extraordinaires est considéré par Warren Buffett lui-même comme le troisième meilleur livre d'investissement de tous les temps (juste derrière les deux ouvrages référents de Benjamin Graham), une entreprise de croissance doit répondre à la majorité de ces 15 points pour être considérée comme un investissement intéressant.

1. La Société a-t-elle des produits ou des services avec un potentiel de marché suffisant pour permettre une hausse significative de ses ventes sur plusieurs années ?

2. La direction a-t-elle l'intention de continuer à développer des produits ou des procédés qui viendront améliorer encore le potentiel total de vente lorsque les potentiels de croissance des lignes de produits les plus intéressantes auront été exploités ?

3. Les efforts de recherche et développement sont-ils efficaces ?

4. La Société possède-t-elle une organisation de ventes supérieure à la moyenne ?

5. L'activité de la Société dégage-t-elle une marge bénéficiaire suffisante ?

6. Que fait la Société pour maintenir ou améliorer ses marges bénéficiaires ?

7. L'entreprise a-t-elle une main-d'œuvre de qualité et de bonnes relations avec son personnel ?

8. L'entreprise a-t-elle une main-d'œuvre de qualité et de bonnes relations avec ses cadres dirigeants ?

9. Les cadres dirigeants ont-ils une autonomie et des délégations de pouvoir suffisantes ?

10. Que valent la comptabilité analytique et le contrôle de gestion de la Société ?

11. Existe-t-il un benchmark spécifique au secteur de l'entreprise qui fournirait des informations importantes quant à la position concurrentielle de l'entreprise ?

12. Concernant sa rentabilité, l'entreprise a-t-elle ses perspectives de long ou court terme ? Le long-terme étant bien sûr préféré...

13. La croissance future de la société nécessitera-t-elle de nouvelles levées de fonds sur le marché ? La réponse espérée étant non, l'investisseur espérant que l'entreprise n'aura pas à le diluer pour financer sa croissance

14. La direction parle-t-elle franchement à ses actionnaires en toutes circonstances ? Ou a-t-elle tendance à minimiser les déceptions voire à passer sous silence les problèmes qui surgissent ?

15. La direction de l'entreprise est-elle totalement intègre ?

Quand acheter une valeur de croissance ?

On entend souvent que les actions de croissance ne sont pas intéressantes, car leurs perspectives sont déjà intégrées dans leurs cours. C'est parfois vrai, et certaines actions à la mode intègrent même parfois dans leurs cours astronomiques des perspectives totalement irrationnelles, allant au-delà de ce qui est raisonnablement imaginable même en étant très optimiste. À l'inverse, c'est parfois faux, et des actions de croissance paraissent beaucoup moins hors de prix lorsqu'on pose les calculs. Par exemple, avec le recul, on peut être certain que l'action Coca-Cola n'était pas chère au début des années 2000. Pourtant, aucun évènement majeur survenu depuis n'était ignoré à l'époque, et on pouvait donc bien estimer en 2000 que les bénéfices de Coca-Cola continueraient de croître. En appliquant ces perspectives aux cash-flows futurs et en les actualisant, on pouvait alors remarquer que le cours donné par le marché sous-estimait nettement la valeur intrinsèque de l'entreprise. Tout simplement, et de façon conjoncturelle, l'action Coca-Cola n'était alors pas à la mode. Un des moments intéressants pour acheter des actions de croissance est donc d'aller contre la foule, pas nécessairement quand tout le marché est ignoré, mais quand certains secteurs d'activités sont boudés. À fin 2012, un secteur boudé est celui des technologies de l'information avec des actions de croissance chez les « old-techs » comme Microsoft ou Intel qui s'échangent à des prix relativement bas. L'explication rationnelle, s'il y en a une, est que le marché doute de leur capacité à s'adapter aux nouveaux modes d'utilisation : tablettes etc… Le sentiment dominant de la foule est donc ici pessimiste au sujet de ces valeurs. Pourtant, ces deux Sociétés ont su démontrer par le passé une certaine capacité d'adaptation au changement, et ont toujours dégagé de forts profits. Le sentiment de la communauté financière est-il donc plus négatif à leur égard que ce que les faits bruts ne justifient en eux-mêmes ? Lorsque c'est le cas, on se trouve dans un des moments opportuns pour acheter une valeur de croissance.

Un autre moment intéressant pour acheter ce type de valeurs très qualitatives est lorsque les Sociétés en question éprouvent des problèmes. Examinons le cas de l'action EADS avec le graphique suivant.

L'action EADS a fortement monté jusqu'en 2006, les acheteurs se basant sur des perspectives intéressantes de développement commercial dû au projet de gros porteur A380. Puis, comme pour tout projet de cette envergure dans une Société industrielle, des difficultés opérationnelles se sont ensuite succédé pour la Société : retards annoncés, problèmes techniques à régler sur les premiers construits etc... Enfin, entre 2010 et fin 2012, une fois la mauvaise passe terminée, le cours de l'action s'est vu multiplié par trois.

Dans une Société de qualité, les problèmes qui surviennent ne sont souvent que temporaires. Quand on estime que ces problèmes approchent de leur terme, qu'ils ont entrainé une forte chute du cours et que celui-ci ne s'est pas encore repris, on se trouve en général face à une opportunité d'achat. L'important ici est que ces problèmes ne soient bien que temporaires, d'où l'importance de savoir identifier ces Sociétés de qualité supérieure qui sauront s'en relever sans mal.

Des Sociétés avec des barrières à l'entrée comme Coca-Cola, L'Oréal, ou Microsoft ont l'avantage de pouvoir faire des erreurs qui pardonnent. Savoir identifier les avantages concurrentiels est donc très important, et l'investisseur en tirera deux avantages :

- D'une part, même si l'investisseur ne parvient pas à effectuer des achats avec un timing optimal comme ceux évoqués ci-dessus, la Société fera des bénéfices, souvent croissants, et sa valeur intrinsèque augmentera, pouvant ainsi compenser un prix d'achat initial éventuellement trop élevé (dans des proportions raisonnables toutefois). Cela prendra plus de temps, et le rendement sera moindre pour l'investisseur, mais il aura le mérite d'exister. Le raisonnement ne tient cependant que si la Société achetée possède bien des barrières à l'entrée, et que l'investisseur, au-delà d'un prix d'achat sous-optimal, ne s'est pas également trompé sur cette partie-là de son analyse examinant la qualité de l'entreprise sous-jacente,

- D'autre part, les entreprises avec des avantages concurrentiels deviennent surtout d'excellentes affaires boursières quand elles rencontrent certains problèmes, car le prix de leur action baisse alors. En ayant identifié d'après une étude préalable que certaines entreprises possèdent des barrières à l'entrée, l'investisseur saura alors que les problèmes rencontrés ne sont probablement que temporaires. Il pourra donc être confiant en la capacité de récupération de l'entreprise, et alors profiter des opportunités d'achat ainsi identifiées.

Enfin en termes de diversification, il ne faut pas chercher à surdiversifier en style Garp. À partir du moment où on achète des entreprises de qualité, on se retrouve beaucoup moins dans la situation d'attente d'un catalyseur qu'en style value bottom-up. Les statistiques montrent que pour un portefeuille composé de grandes valeurs, au-delà de la huitième valeur, les nouvelles lignes ne contribuent que très peu à la limitation de la volatilité[26]. Or, la surdiversification est contreproductive pour deux raisons. D'une part, vous devenez le marché plutôt que de chercher à le surperformer. D'autre part, vos dix meilleures idées auront sûrement un meilleur couple rendement/risque que vos cent meilleures idées. Ainsi, **malgré l'attrait humain pour la nouveauté et en particulier pour vos propres nouvelles idées, si l'ouverture d'une nouvelle ligne dégrade le couple rendement/risque de votre portefeuille, vous devriez peut-être plutôt songer à renforcer vos lignes existantes…**

Quand vendre une valeur de croissance ?

Le style GARP amène plus vers une stratégie « buy and hold », littéralement « acheter et conserver » que le style value.

« Notre horizon d'investissement préféré est pour toujours », Warren Buffett

En effet, si vous avez acheté une action en style GARP, c'est que vous l'avez sélectionné comme l'une des rares valeurs parmi un panel important à disposer de perspectives supérieures à la moyenne. Vous avez par ailleurs jugé que les avantages concurrentiels de l'entreprise sous-jacente étaient durables. Le bon moment pour la vendre est donc souvent « jamais » !

Oui, mais parfois des actions de qualité que l'on achète à un prix raisonnable à un moment donné deviennent surévaluées quelque temps après. Il serait alors logique de vendre ces actions plutôt que de les conserver, me direz-vous ? Pour les actions à avantages concurrentiels durables, le raisonnement n'est en fait pas aussi trivial. Faisons un parallèle

---

[26] Joël Greenblatt, *Vous pouvez être un génie de la Bourse*

et imaginons un instant la situation de quelqu'un qui aurait acheté des terrains aux alentours de Marne-la-Vallée dans les années 1970. Au moment de l'achat, le prix était raisonnable et il existait des perspectives d'amélioration, cet investisseur misant sur une extension du phénomène d'urbanisation, et l'expansion de la capitale en périphérie. On retrouve donc quelques similarités avec un investissement GARP, puisque notre investisseur avait payé un prix raisonnable pour acheter des perspectives solides. Lorsque Disney a annoncé son intention de construire un parc à quelques kilomètres des terrains de notre ami, vous imaginez bien que le prix de ces derniers a fait un bond en avant. Même s'il était confiant dans le caractère judicieux de son investissement, l'analyse approfondie de notre ami investisseur au moment de son achat quelques quinze années plus tôt ne l'avait sûrement pas conduit à imaginer pareille aide du destin ! Néanmoins, notre ami aurait été bien mal inspiré de vendre ses terrains et de prendre sa plus-value dès l'annonce du lieu d'implantation du parc : ceux-ci auraient en effet montré un potentiel de valorisation encore bien plus important une fois le parc construit, et les activités annexes de services drainées dans ce secteur géographique...

Une fois cet exemple en tête, êtes-vous toujours aussi convaincu du bien-fondé de prendre vos bénéfices sur une superbe action de croissance acquise à prix raisonnable pour la simple raison que le cours de celle-ci serait en avance sur ses fondamentaux ?

Il n'y a ainsi pas de raison de vendre une action dont le cours aurait monté si dans le même temps sa valeur intrinsèque a également augmenté. D'ailleurs, vous n'achèteriez pas une action dont le cours aurait baissé et sa valeur intrinsèque diminuée en parallèle... À l'opposé, il n'y a pas de raison de vendre une action en style GARP pour la seule raison que son cours baisserait après votre achat, à partir du moment où votre analyse initiale n'est pas remise en cause. Si rien ne laisse à penser que votre raisonnement est faux, c'est que la valeur intrinsèque de la Société n'a pas bougé. Dans ce cas, les humeurs du marché ne doivent pas vous conduire à vendre, mais plutôt à renforcer.

« Achetez des choses que vous serez parfaitement heureux de posséder si le marché s'effondre pendant 10 ans. », *Warren Buffet*

Trois choses peuvent en fait vous conduire à vendre une action acquise en style GARP :

-   Si des faits tangibles vous conduisent à penser que vous avez fait une erreur d'analyse dans votre raisonnement initial. Ces faits tangibles devant bien sûr être liés à une dégradation des fondamentaux de la Société (et donc se traduisant par une baisse de sa valeur intrinsèque),

-   Si un de vos investissements a tellement bien fonctionné que la ligne pèse désormais un poids vraiment disproportionné relativement à l'ensemble de votre portefeuille. Dans ce cas, cette ligne pourra être allégée.

-   Si vous trouvez un meilleur endroit pour investir votre argent. Dans ce cas, vous devez alors être convaincu que votre nouvelle idée est réellement meilleure que celles déjà présentes au sein de votre portefeuille. En effet, dans la négative, il vaudrait mieux alors renforcer vos lignes existantes.

Si vous ne vous trouvez dans aucune de ces trois situations, vous n'avez aucune raison de vendre. Vous noterez qu'aucune de ces décisions de vente n'est liée à l'évolution pure du cours de l'action.

Chapitre C.4

Différences, avantages et inconvénients respectifs des 2 principaux styles gagnants

Processus d'analyse et d'achat

Les deux styles gagnants ont une forte similarité au moment de l'achat dans le sens où on cherche à acquérir des actions en les payant à un prix inférieur à la valeur intrinsèque. Il y a donc pour les deux styles la recherche d'une marge de sécurité. Il existe cependant une nuance d'application :

- L'investisseur value envisage comme principale façon de faire son bénéfice la réduction de la décote entre cours de l'action et valeur intrinsèque du business sous-jacent. Il se focalise donc au moment de l'achat sur une marge de sécurité élevée, car la majeure contribution du rendement qu'il dégage est un « rendement sur erreur d'appréciation du marché ». En contrepartie, il recherche ces décotes sur un large scope de valeurs.
- L'investisseur GARP envisage quant à lui comme principale manière de gagner de l'argent la capacité des entreprises sous-jacentes aux actions qu'il achète à dégager des bénéfices solides, réguliers, et si possible régulièrement croissants. Il recherche ainsi avant tout un « rendement sur business », sa marge de sécurité lui permettant d'améliorer légèrement celui-ci et surtout d'éviter un

« rendement sur erreur d'évaluation du marché » négatif. Il tolère donc des marges de sécurité inférieures à celles de l'investisseur value, et focalise son analyse sur la qualité des avantages concurrentiels de la Société qu'il achète.

Le style GARP se distingue ainsi du style value par un avantage, mais qui peut être à double tranchant. La marge de sécurité que recherche l'investisseur GARP est certes moins élevée, car les décotes les plus larges ne sont logiquement que très rarement associées aux valeurs extraordinaires. Mais, au-delà de ces considérations, l'investisseur GARP a besoin d'une marge de sécurité moins importante que l'investisseur value pour une raison logique : un investisseur GARP qui a fait une erreur d'évaluation de la valeur intrinsèque (et a donc acheté trop cher) pourrait voir son erreur pardonnée (tout en donnant un résultat évidemment moins optimal que si le prix payé avait été plus judicieux). En effet, une Société avec des avantages concurrentiels va voir sa valeur intrinsèque augmenter sur la durée. Or, cette hausse de valeur intrinsèque finira à terme par gommer l'erreur effectuée sur le prix au moment de l'achat. Mais ce **raisonnement n'est valable qu'à la condition expresse que cette Société ait bien de réelles barrières à l'entrée durables,** et que l'investisseur ne se soit pas trompé sur la partie de son analyse qui concerne les avantages concurrentiels. S'il se trompe aussi sur cette partie-là de son analyse, l'investisseur GARP aura alors très mal...

Du fait de ces focalisations différentes au moment de l'achat, les causes éventuelles de dégradation de performances ne seront pas les mêmes pour les deux styles :

- En style GARP, une erreur d'analyse sur la présence d'avantages concurrentiels dans une Société achetée est un des phénomènes les plus blessants pour la performance de l'investisseur. S'il se révèle que la Société achetée n'avait en réalité pas de barrières à l'entrée durable, la moins-value risque d'être importante du fait de l'acceptation par l'investisseur d'une marge de sécurité limitée lors de l'achat.

- En style value, tout du moins en style value bottom-up, ce n'est pas nécessairement une erreur d'évaluation de la valeur intrinsèque qui sera la plus préjudiciable à la performance. Bien que cette stratégie soit basée sur le rendement sur « erreur d'appréciation du marché », l'utilisation d'une forte marge de sécurité protégera l'investisseur de beaucoup de ses erreurs d'estimation. Un risque plus pernicieux, auquel s'exposent les investisseurs dans la valeur, est la possible dissipation du rabais obtenu lors de l'achat avant qu'un catalyseur permettant à la valeur de marché de rejoindre la valeur intrinsèque[27] ne soit intervenu.

Processus de vente

Les différences entre les deux styles sont plus marquées lors du processus de vente.

Là où l'investisseur GARP achète et conserve ses valeurs, parfois à vie, l'investisseur value s'inscrit dans un processus sans fin de rotation de son portefeuille. Il met ses liquidités au travail en achetant des actifs décotés, puis revend ceux-ci lorsque la décote disparaît. Les liquidités ainsi restaurées lui permettent alors de recommencer l'opération en achetant une nouvelle valeur décotée qu'il a identifiée. Le processus se répète alors à l'infini, et est la base du rendement incrémental dégagé in fine par l'investisseur value.

---

[27] Par exemple si la décote n'a pas changé 3 ans après l'achat et qu'une Société jusque-là à l'équilibre se met à faire des pertes, elle verra sa valeur intrinsèque se dégrader.

Ces deux stratégies de vente, très différentes entre elles, ont chacune leurs avantages respectifs :

- L'investisseur GARP, en ne vendant quasiment jamais, va profiter de tous les développements ultérieurs de la Société lorsque son choix est bon. En revanche, l'investisseur value a plutôt tendance à vendre trop tôt. Ainsi, vendant dès qu'il juge que sa marge de sécurité n'est plus suffisante, l'investisseur value sera fréquemment amené à regarder le cours des actions qu'il a vendues continuer à monter sans lui.

- L'investisseur value va quant à lui bénéficier d'un effet purificateur grâce aux liquidités issues de la vente périodique de ses parts. Non seulement ceci peut l'aider à avoir du cash disponible aux moments opportuns (déprimes du marché), mais il se retrouve surtout en permanence face au challenge de mettre son argent au travail en recherchant les meilleures opportunités de valeurs décotées. À l'opposé, un portefeuille GARP aura plus tendance à être investi à 100% en permanence, manquant potentiellement de liquidités suffisantes lors des périodes où les meilleures opportunités de marché se présentent. De plus, l'investisseur GARP étant moins challengé en permanence, il pourrait aussi se lasser d'effectuer un travail assidu[28], et devenir rapidement satisfait de sa position courante.

---

[28] L'investisseur GARP a peu d'occasions de vendre. Par ailleurs, ses études d'éventuelles opportunités d'achat le conduiront plus souvent à conclure que la Société analysée ne dispose pas d'avantages concurrentiels solides. Son travail se traduira donc plus rarement en actes concrets de gestion de son portefeuille, ce qui demande des qualités de contrôle et soi, ou peut entraîner une certaine lassitude chez les moins motivés.

Choisissez le style le plus adapté à vos qualités et à votre personnalité

Le style value demande autonomie et indépendance d'esprit :

- Le style value top-down demande moins de connaissances, mais il exige une patience hors-norme, notamment d'être capable d'attendre plusieurs années en restant en dehors du marché.
- Le style value bottom-up demande également une bonne dose de patience, quoique dans des proportions nettement plus raisonnables. Il demande également de solides connaissances comptables, et une capacité à comprendre les éléments essentiels des états financiers, afin d'être en mesure d'évaluer la valeur intrinsèque d'une Société.

Si les deux styles gagnants sont plutôt d'approche contrarienne puisqu'ils recherchent tous deux une marge de sécurité, le style value est sans conteste le plus contrarien des deux, et est donc celui qui nécessitera le plus de force psychologique. L'indépendance d'esprit et la confiance en ses analyses de valeur intrinsèque sont les qualités indispensables de l'investisseur dans la valeur : il va en effet souvent subir des pertes au départ (après son achat), et ce pour de plus de longues périodes que ceux qui suivent la foule. Malgré tout, il générera de meilleures performances sur de longues périodes prises dans leur ensemble.

L'approche GARP nécessite également une estimation de valeur intrinsèque, mais ce qui fera la qualité première d'un investisseur GARP, c'est avant tout son excellente compréhension des avantages compétitifs des entreprises, ainsi que sa capacité à les identifier et à questionner leurs intensités et durabilités. Par ailleurs, du fait du besoin d'une marge de sécurité moins élevée, l'hypothèse d'inefficience des marchés à accepter est moins forte pour l'investisseur GARP que pour l'investisseur value.

Ainsi, étant donné que :

- D'une part, la principale erreur dommageable en style GARP est d'identifier des barrières à l'entrée là où il n'y en a pas,
- Et que d'autre part ce style focalise plus sur un « rendement sur business » que sur un rendement sur inefficiences de marché…

…Le style GARP conviendra à celui qui se sent en capacité d'identifier des entreprises très qualitatives, promettant des bénéfices opérationnels importants et réguliers sur les années à venir. L'investisseur GARP saura également s'astreindre à une restriction du périmètre de son portefeuille d'actions à ce type de valeurs. Il devra en outre disposer de quelques capacités lui permettant d'estimer la valeur intrinsèque, afin de payer celles-ci à un prix raisonnable.

A ce stade de la lecture, vous devriez commencer à vous sentir plus confortable avec l'un des deux styles. S'il est évident comme le dit Warren Buffett qu'il vaut mieux « *acquérir des actions d'entreprises extraordinaires à des prix ordinaires que des actions d'entreprises ordinaires à des prix extraordinaires* », que préférez-vous entre :

- Acquérir des actions d'entreprises extraordinaires à des prix ordinaires ?
- Ou acquérir des actions d'entreprises ordinaires à un tiers de leur prix ?

Là, je vais peut-être vous secouer un peu, mais je dois vous dire que vous devez trancher, et choisir avec lequel des deux styles vous vous sentez le plus à l'aise. Cela ne veut pas dire que vous devrez absolument constituer votre portefeuille intégralement et à 100% avec l'un des deux styles. Cela signifie simplement qu'un portefeuille réparti à 50% en style GARP et 50% en style value ne serait pas optimal. Si cela vous semble bizarre, imaginons que vous alliez dans le meilleur restaurant italien du coin, mais qu'au lieu de demander au cuisinier de vous préparer une pizza ou des lasagnes, vous lui commandiez des sushis. Que se passerait-il ? Vous seriez certainement déçu de la qualité du plat qui vous serait servi, et vous vous diriez que ce restaurant ne mérite pas son excellente réputation.

Par analogie, vous allez être plus compétent dans l'un des deux styles que dans l'autre, et ce sera en général avec celui avec lequel votre personnalité est le plus en accord. D'abord, pour des qualités innées que vous avez, mais aussi parce que ce sera dans celui-ci que vous serez le plus prompt à acquérir des connaissances et vous améliorer. Vous devriez ainsi devenir progressivement au fil du temps un meilleur spécialiste du style choisi.

Le seul investisseur qui a vraiment excellé dans les deux styles est Warren Buffett. Cependant, cette utilisation des deux styles n'a pas vraiment été concomitante, mais ceux-ci se sont plutôt succédé au cours de périodes différentes de sa vie. De plus, vous aurez l'humilité de reconnaître, je l'espère, que tout le monde ne pas prétendre égaler le maître… Pour votre part, vous n'êtes donc pas forcément obligé d'adopter un seul des deux styles pour votre portefeuille, mais vous devez néanmoins en **privilégier l'un des deux**. Une répartition 70% Value/30% GARP (ou inversement) serait par exemple tout à fait pertinente.

Des facteurs annexes (dividendes, fiscalité…) doivent-ils influencer le choix de votre style ?

Les dividendes

Le versement des dividendes intéressera ceux qui cherchent à tirer un revenu de leurs actifs indépendamment des cours. Au vu des éléments que nous allons mettre en lumière, il est loin d'être évident que l'aspect « dividendes » doive être un critère de choix du style que vous choisirez d'adopter.

Les actions choisies en style value (bottom-up) vont soit :

- ne pas verser de dividendes quand l'achat correspondait à une entreprise en difficulté très décotée, ou était principalement basé sur l'achat d'actifs décotés par rapport à une valeur de mise en liquidation de l'entreprise etc...
- Souvent, servir un rendement sur dividende élevé, du fait de la décote du cours. L'investisseur peut ainsi avoir acheté à cours déprécié une entreprise mature, sans perspective de croissance, mais à la pérennité du dividende néanmoins assurée. Ces dividendes élevés et réguliers ont l'intérêt d'apporter régulièrement du cash au portefeuille, réduisant le risque d'opportunité pour l'investisseur (qui se produit lorsque des soldes sont présentes sur le marché et que l'investisseur value ne dispose plus de cash pour en profiter). Attention, cette notion de pérennité du dividende est dans ce cas essentielle. En effet, trop souvent, des entreprises en difficulté décident de maintenir un dividende élevé, mais supérieur au résultat net ou au free cash-flow dégagé, afin que l'action ne baisse pas plus. C'est une erreur qui affaiblit encore plus la Société, et de tels dividendes ne doivent pas être considérés comme un retour sur capital investi, mais plutôt comme un paiement représentant une liquidation partielle des actifs de la Société, et ce paiement ne sera donc pas tenable sur la durée.

Les valeurs choisies en style GARP vont :

- La plupart du temps, verser un dividende d'un faible pourcentage de leur cours.
- Parfois, choisir de capitaliser totalement leur croissance. C'est par exemple le choix effectué par Berkshire Hathaway, le conglomérat de Warren Buffett.

Le choix de ne pas verser de dividende peut permettre à l'investisseur d'optimiser sa sortie d'un point de vue fiscal. Néanmoins, le fait de percevoir un dividende régulier aide beaucoup à voir ses actions comme des « business ». Savoir que des dividendes réguliers tombent tous les trimestres permettra par exemple à l'investisseur de supporter plus facilement la volatilité des prix, notamment à la baisse. Cela contribuera à ce qu'il penche vers un style gagnant en achetant des entreprises dépréciées quand le marché panique, plutôt que vers un style perdant où il se couperait un bras parce que ses actions « tickets de loto » achetées lors des périodes d'euphorie partiraient dans un sens non anticipé.

Concernant la fréquence de distribution dividendes, il faut savoir qu'une fréquence trimestrielle, voire mensuelle, est courante sur les grandes valeurs anglo-saxonnes, mais peu usitée en France, où les distributions restent malheureusement encore très souvent à une fréquence annuelle.

Pour ce qui est d'une distribution historiquement régulière de dividendes, il est bon de noter que certains indices existants pourront aider l'investisseur à identifier des valeurs GARP :

- S&P 500 Dividend Aristocrats : actions du S&P 500 avec plus de 25 ans consécutifs de hausse du dividende,
- S&P Euro 350 Dividend Aristocrats : actions européennes avec plus de 10 ans de hausse du dividende,
- US Dividend Champions : Actions américaines hors S&P500 avec plus de 25 ans consécutifs de hausse du dividende.

Ainsi, bien que les actions GARP servent souvent un dividende faible en pourcentage de leur cours, celui-ci est souvent croissant. Ceci est assez logique puisque ces actions arrivent d'une part à croître, et d'autre part à convertir cette croissance en bénéfices. Or, on peut se retrouver face à la situation suivante en comparant l'achat d'une action GARP et d'une action achetée pour son fort rendement sur dividendes :

- Une action GARP achetée 10 € avec un dividende annuel de 0,25 € (rendement de 2,5%/an), dont le cours et le dividende versé augmentent à un rythme annuel de 7%, versera un dividende de 0.50 € pour un cours de 20 € dix ans plus tard (soit toujours un rendement de 2,5% sur le cours final, mais de 5% sur le cours d'achat)
- Une action mature de rendement, avec peu de perspectives de croissance, achetée 10 € qui verse un dividende annuel de 5% mais qui n'augmente pas, le cours étant par ailleurs resté stable sur 10 ans.

Au final, la valeur GARP aurait non seulement été meilleure sur dix ans en termes de hausse des cours, mais aurait également rattrapé son retard en matière de rendement sur dividende, si on calcule ce dernier relativement au prix d'achat. Or, la situation vulgarisée dans cet exemple est loin d'être fictive, et on la rencontre en réalité fréquemment.

La fiscalité

La fiscalité, et notamment celle de votre pays de résidence, doit-elle orienter votre choix de style ? La fiscalité française nous fait le plaisir de changer chaque année. Je vais donc m'abstenir ici de préciser celle applicable aux plus-values ou dividendes issus d'un compte titre ordinaire (CTO), souhaitant que ce livre ait tout de même une espérance de vie supérieure à la dernière réforme fiscale… En effet, au cours des trois dernières années, nous aurons vu des choses aussi variées qu'une fiscalité des plus-values calculées sur une base forfaitaire ou sur le taux marginal d'imposition, avec ou non des abattements pour durées de détention. Pour les dividendes, c'est la même chose avec une imposition calculée au choix sur imposition réelle ou prélèvement libératoire, puis imposée ensuite impérativement sur taux marginal réel, avec des abattements forfaitaires ou proportionnels existant tantôt ou non etc…Malgré tout, il y a une chose qui semble stable : le PEA est d'un point de vue fiscal plus sympathique que le

CTO, et devrait le rester. Dès lors, devriez-vous réduire le champ d'application du style choisi aux actions françaises et européennes ?

Si ponctuellement, sur deux titres équivalents, l'un français, l'autre américain, on pourra préférer le PEA pour d'évidentes raisons fiscales, un portefeuille franco-français me semblerait malgré tout inefficient pour les raisons suivantes :

- Il y a une sous-représentation chronique de certains secteurs en France et en Europe, par exemple celui des technologies de l'information.
- La culture de l'actionnaire et de ses intérêts est beaucoup plus grande dans les pays anglo-saxons qu'en France : rachat d'actions relutif par le management quand le cours est décoté etc...
- Le dollar est jusqu'ici une devise contra-cyclique qui atténue les mouvements baissiers.

De plus, chaque cas est différent selon les investisseurs en ce qui concerne la fiscalité : taux marginal d'imposition (TMI) faible ou élevé, stratégie de sortie et durée de détention de la position. Avec des vecteurs capitalisant comme Berkshire Hathaway, quelqu'un qui a aujourd'hui un TMI élevé, mais qui sait que celui-ci va baisser dans les prochaines années [retraite, enfants...] peut piloter en partie sa fiscalité. Ainsi, à l'heure où certains courtiers en ligne permettent l'accès aux actions anglo-saxonnes avec des frais de courtage tout à fait décents, il semble sous-optimal de se cantonner uniquement au marché européen, voire français, pour de simples raisons fiscales. À partir de là, vous ne devriez pas être influencé par le poids de la fiscalité pour choisir votre style, et notamment par le fait que plus de valeurs GARP soient présentes sur les marchés anglo-saxons que sur le marché français.

Partie D

Mise en pratique des styles gagnants

Il est désormais temps de passer à la mise en pratique des styles gagnants. En préambule, et afin de prévenir toute erreur de compréhension ou d'interprétation, il peut toutefois être utile de balayer les domaines où les styles gagnants ne peuvent pas s'appliquer.

- Les styles gagnants ne peuvent pas s'appliquer aux actifs non-productifs, que ce soient des tableaux d'art, le marché des changes (Forex) ou les matières premières. L'éventuelle plus-value dégagée sur ces actifs dépend en effet des aléas du marché de la revente. Or, vous aurez noté que les deux styles gagnants font intervenir l'estimation d'une valeur intrinsèque : comment calculer celle-ci si on ne peut pas raisonner en termes de « business » ?

- Les styles gagnants ne peuvent pas s'appliquer aux ventes à découvert. Pourquoi ne vendrait-on pas à découvert une action dont le cours a dépassé exagérément sa valeur intrinsèque ? Après tout, ce ne serait que le symétrique de l'achat d'une action avec marge de sécurité, me direz-vous… Tout simplement parce qu'on ne peut savoir jusqu'où pourra aller l'irrationalité du marché dans un tel cas : si vous avez vendu à découvert une action à un cours de 10 € parce que vous l'estimiez surévaluée et qu'une bulle se forme propulsant son cours jusqu'à 50 €, vous perdrez 5 fois votre mise. Et les appels de marge feront que vous serez peut-être obligé de vendre. À l'inverse si vous avez acheté une action à un cours de 10 €, parce que vous l'estimiez sous-évaluée, la situation est plus confortable. D'une part, vous ne pouvez perdre qu'une fois votre mise dans le pire des cas. D'autre part, si le cours baisse jusqu'à 5€ et que l'action est alors très sous-évaluée, certains actionnaires représentatifs pourraient bien se rassembler et s'activer, soit pour demander au management une liquidation volontaire des actifs de la Société, soit une meilleure utilisation de ceux-ci.

Le fait que les styles gagnants ne s'appliquent pas aux domaines cités ci-dessus ne constitue en rien un problème. Vous n'êtes pas un gérant de fonds spécialisé devant se contenter de jouer sur un terrain prédéterminé. Vous n'avez pas ses contraintes, ne jouez pas dans un championnat fermé, et vous pouvez donc choisir votre terrain. Profitez donc de cette liberté pour en choisir un où les styles gagnants peuvent s'appliquer !

Afin que vous soyez capable de mettre en application les styles gagnants expliqués dans la partie précédente, nous allons désormais essayer de vous fournir une boîte à outils articulée autour de trois grands thèmes, chacun traité dans un chapitre distinct :

- Les ratios utiles pour déterminer la cherté ou la qualité d'une action,

- Les méthodes d'estimation de la valeur intrinsèque,

- Les connaissances pour être capable de déterminer si vous êtes ou non en présence d'avantages concurrentiels durables.

Chapitre **D.1**

Ratios utiles pour identifier des actions pas chères, ou de qualité supérieure

Quelques préalables comptables

Il va être difficile pour ceux qui n'ont aucune notion de comptabilité de tirer toute la quintessence de ce chapitre. Cependant, si vous vous intéressez à la bourse et que vous voulez adopter un style gagnant, vous n'aurez pas le choix. Vous devez comprendre le business de l'entreprise que vous étudiez. Pour cela il est utile de savoir comment transite 1€ de chiffre d'affaires de l'entreprise : à partir de l'utilisation de quels actifs cet euro est-il généré, quelle part est transformée en profits etc... Or, pour comprendre en profondeur le fonctionnement d'une entreprise, il est nécessaire de connaître quelques éléments essentiels du bilan, du compte de résultat, et de l'état des flux de trésorerie.

Si vous n'avez que très peu de notions de comptabilité, faites une première lecture de ce chapitre. Cherchez ensuite sur Internet : vous y trouverez quelques cours gratuits ou autres tutoriels vulgarisateurs. Ceux-ci devraient vous permettre d'appréhender un peu mieux comment lire les états financiers d'une Société. Puis relisez ce chapitre une seconde fois à la lumière de vos nouvelles connaissances.

Ratios quantitatifs pour analyser le prix

Ratios quantitatifs sur le prix payé pour l'actif (bilan)

- **le ratio Price to Book**

Nous avons vu que le prix payé pour un actif était indépendant de sa valeur intrinsèque. Avant d'acquérir des actions, il est donc utile de s'intéresser à la valeur des actifs que possède l'entreprise en question.

Les actifs que possède l'entreprise correspondent à ses capitaux propres comptables, c'est-à-dire tout ce qu'elle possède (actifs) moins ce qu'elle doit (dettes).

Le ratio utilisé pour comparer le prix payé pour l'actif à sa valeur est le Price to Book, où on a :

$$Price\ to\ Book = \frac{Capitalisation\ bourisère}{Capitaux\ propres}$$

Ainsi, plus le ratio Price to Book est faible, plus une action peut être acquise à un prix peu élevé relativement à sa valeur.

Le montant des capitaux propres a toutefois un défaut de fiabilité sur deux points :

- Les actifs incorporels ont parfois une valeur réelle inférieure à celle inscrite dans les comptes. Si des brevets ou des licences peuvent bien avoir une valeur réelle, ce n'est pas le cas de logiciels informatiques vites obsolètes, de marques méconnues…

- Les « Goodwill », qui sont des écarts d'acquisition. Ainsi, lorsqu'une Société A rachète pour un prix de 2 millions d'euros une Société B ayant des capitaux propres à hauteur de seulement 0,5 million d'euros, un Goodwill de 1,5 million d'euros apparaît miraculeusement dans les actifs de la Société A. Si la Société B a été achetée à sa juste valeur, ce n'est pas trop grave…Mais voilà, les dirigeants ont tendance à racheter plus de Sociétés en période d'euphorie, en se basant alors sur des prévisions optimistes…ce qui conduit trop souvent pour les entreprises prédatrices à s'agrandir en rachetant des *« Sociétés ordinaires à des prix extraordinaires »*….Alors que nous, nous cherchons plutôt, comme Warren Buffet à acquérir *« des Sociétés extraordinaires à des prix ordinaires »* !

Une solution pour corriger ces biais, ou pour tempérer le résultat brut du ratio Price to Book est d'utiliser un ratio Price to Book corrigé, dit Price to Book tangible :

$$Price\ to\ Book\ tangible = \frac{Capitalisation\ boursière}{Capitaux\ propres\ tangibles}$$

avec :

$$Capitaux\ propres\ tangibles$$
$$= Capitaux\ propres - Goodwills$$
$$- Immos.\ incorporelles$$

Au-delà du ratio Price to book lui-même, on pourra également surveiller si ces capitaux propres ont bien augmenté, sur une période de cinq ans, par exemple.

Même avec sa variante « tangible » qui se contente de valoriser les actifs tangibles, le ratio Price to Book garde quelques limites :

-   La capitalisation boursière d'un opérateur industriel dont l'industrie est en déclin et en surcapacité de production, pourra avoir un ratio

Price to Book inférieur à 1. Tout simplement parce que ces usines intéressant peu de monde, elles seraient « bradées » à une valeur de liquidation, potentiellement inférieure à leur valeur comptable.

- On peut tolérer un Price to Book élevé si une entreprise évolue dans une vraie franchise avec des avantages concurrentiels. En effet, dans ce cas les actifs intangibles peuvent valoir bien plus que leur valeur comptable. **Le ratio Price to Book intéressera donc en général beaucoup plus les investisseurs value que les investisseurs qui adopteront un style GARP.**

- **Le taux d'endettement**

$$Ratio\ dettes\ nettes\ sur\ fonds\ propres = \frac{dettes - tr\acute{e}sorerie}{Capitaux\ propres}$$

Une entreprise sera d'autant moins attaquée en cas de perspectives menaçantes qu'elle aura une bonne capacité à honorer ses dettes, donc que son ratio dettes nettes sur fonds propres sera faible.

Critères quantitatifs sur la rentabilité de l'actif productif (compte de résultat) : PER, EV/Ebitda, FCF yield

- **L'année en cours n'est pas forcément la plus représentative**

Beaucoup de ratios liés aux profits des entreprises ont la mauvaise habitude d'être uniquement calculés sur les résultats de la dernière année, ou sur des prévisions pour l'année à venir. Tous les critères quantitatifs suivants se basent sur la rentabilité, c'est-à-dire le rapport entre les revenus générés par l'actif et le prix payé pour l'acquérir. Lorsqu'ils sont calculés en fonction des prévisions de revenus pour les années futures, ils sont en général basés sur des prévisions données par des analystes. Or, à force de côtoyer les dirigeants des entreprises qu'ils ont dans leur scope, ces analystes peuvent être influencés par le naturel optimisme de dirigeants enclins à attendre une hausse des résultats, que ceux-ci voient comme un effet des orientations stratégiques qu'ils décident. Cette démarche est donc à la fois trop incomplète et trop partiale, et il faudra plutôt adopter la démarche suivante.

D'une part, au-delà du futur et du présent immédiat, il sera essentiel d'attacher de l'importance à ce qu'ont été ses résultats sur un historique beaucoup plus long (5 à 10 ans), à la fois en termes de niveaux, régularité ou tendance (croissante, baissière, neutre).

D'autre part, nous nous questionnerons sur le futur, à la fois en nous intéressant aux perspectives positives de la Société si elles existent, mais aussi en nous questionnant sur ce qui pourrait les rendre moins réjouissantes. Il faut s'efforcer de faire un « cas baissier » sur chaque action que nous souhaitons acheter, en nous imaginant ce qui pourrait **obscurcir ses perspectives et la probabilité de survenance de l'événement associé**. En effectuant un tel exercice, ceux qui ont acheté l'action France Telecom en 2012 à 15 € pour ses ratios bas et son rendement de 10%, auraient par exemple anticipé que l'arrivée de Free allait entraîner une concurrence exacerbée sur les prix. Ils auraient alors vu venir le recul des marges, et se seraient ainsi peut-être épargnés de voir un an plus tard le prix de leurs actions divisé par deux...

Prendre cette hauteur de vue est essentiel, car le prix des actions surréagit aux derniers résultats (annuels, trimestriels...) ou aux perspectives immédiates. Or, ce phénomène peut faire apparaître des distorsions entre prix et valeur intrinsèque, créant alors des opportunités. Par exemple, il peut arriver que le prix d'une action baisse à l'annonce d'un résultat annuel inférieur aux attentes, cette baisse de résultat étant uniquement due au passage d'une dépréciation comptable sur un actif, masquant des cash-flows qui restent quant à eux en croissance. Si cette dépréciation d'actifs en appelle d'autres sur les années à venir, cette baisse peut être justifiée. Néanmoins, il s'agit parfois seulement d'un one-shot dû à une situation particulière. C'est-à-dire que sans cet artifice comptable (n'ayant aucun impact sur les cash flows encaissés), le résultat aurait été supérieur aux attentes : on peut donc penser que la Société va continuer à faire rentrer du cash en quantité croissante sur les années à venir. Ainsi, toute baisse de prix de l'action, due à des ventes moutonnières de certains actionnaires suite à cette annonce, constituera une opportunité pour les investisseurs avisés.

- **Le PER, ou Price Earning Ratio**

Le PER correspond à la capitalisation boursière, divisée par le résultat net.

Autrement dit, il mesure combien de fois on doit payer ses bénéfices pour acheter une entreprise. Ainsi, plus une entreprise aura un PER bas, plus son action se payera à un prix peu élevé par rapport à sa rentabilité.

Les limites de ce ratio sont les suivantes :

-   Le résultat net inclut le résultat d'exploitation, mesure liée au cœur de métier de l'entreprise, mais aussi le résultat financier et le résultat exceptionnel. Il peut donc être influencé par des éléments non récurrents sur les parties autres que le résultat d'exploitation. Des adaptations peuvent donc être nécessaires pour en déduire un PER corrigé.
-   Il est infini pour toute société à résultat net négatif, et donc inutile.
-   A un même instant, il est variable d'un secteur d'activité à l'autre. Une action peut donc avoir un PER faible par rapport à son secteur d'activité, mais un PER élevé relativement à la moyenne de la côte.
-   Deux Sociétés peuvent afficher un résultat net identique, pour un profil bilanciel très différent, l'une étant très endettée et l'autre affichant une trésorerie excédentaire…Or, le PER de la première apparaîtra souvent inférieur à celui de la 2nde alors qu'il est bien logique que la valeur de la seconde Société soit plus élevée du fait de sa situation financière plus saine.

- **L'EV/EBITDA**

L'EV/EBITDA est moins diffusé que le PER mais permet de corriger certains défauts de ce dernier.

EV, c'est la Valeur d'Entreprise et elle se calcule ainsi :

$$EV = Capitalisation\ boursière + dettes - Trésorerie$$

L'EBITDA permet de prendre en compte l'intégralité des cash flows, filtrant les phénomènes comptables liés aux amortissements et provisions.

Plus le ratio $\frac{EV}{EBITDA}$ sera faible, plus l'entreprise se paiera à prix intéressant relativement à sa valeur.

Ainsi, imaginons les deux Sociétés suivantes :

	Entreprise A	Entreprise B
Prix par action	100	100
EBITDA par action	16,67	16,67
Résultat net/action	10	10
Trésorerie	50	0
Dettes	0	0
PER	10	10
EV/EBITDA	3	6

En achetant la Société A, vous achetez 50 € de trésorerie... Bien que les deux entreprises aient un PER identique, l'entreprise A est donc plus intéressante à acheter que l'entreprise B. Imaginez par exemple que vous pouvez sortir les 50 €/action de trésorerie de la Société A pour en faire autre chose et laisser la Société A continuer à fonctionner...

En utilisant le ratio EV/EBITDA plutôt que le PER, on distingue bien en revanche quel est l'investissement le plus intéressant.

- **Le rendement sur Free Cash Flow (FCF yield)**

L'EV/EBITDA a ses avantages, mais, comme tout autre ratio, il n'est malgré tout pas parfait. Ainsi, si le fait de retenir l'EBITDA permet de filtrer des opérations exceptionnelles sur les provisions ou les amortissements, cela a pour défaut de ne pas différencier une entreprise qui nécessite beaucoup de réinvestissements pour maintenir son activité d'une entreprise où ce n'est pas le cas.

« Il y a deux sortes de business. Le premier gagne 12% et vous pouvez les prendre à la fin de l'année. Le deuxième gagne 12%, mais tout l'excès de trésorerie doit être réinvesti et il ne reste jamais de trésorerie. Cela me rappelle le gars qui regarde tous ses équipements et dit "Voici tous mes bénéfices". Nous détestons ce type d'activités. », Charlie Munger

Un ratio qui permet de gommer ce genre de disparités est le Free Cash-Flow yield, ou rendement sur Free Cash-Flow. Il est calculé comme le quotient du Free Cash-Flow par la Valeur d'Entreprise. Le Free Cash-Flow est quant à lui le Cash-Flow opérationnel ($\approx$ EBITDA), auquel on soustrait les dépenses lourdes d'investissement nécessaires au maintien de l'activité et à la bonne marche de l'entreprise.

$$FCF\ yield = \frac{FCF}{EV} = \frac{Cash\ Flow - Dépenses\ lourdes\ d'invest.}{EV}$$

On recherchera les FCF yields les plus élevés. Les intérêts du FCF yield en tant que ratio résident dans :

- La meilleure adéquation pour comparer les rentabilités de deux entreprises évoluant dans deux secteurs d'activités différents.
- La possibilité de comparer le taux de rendement obtenu aux rendements obligataires par exemple.

L'inconvénient de ce ratio est que si une entreprise décide de différer des investissements qu'elle devra néanmoins faire un jour où l'autre, le Free Cash-Flow est artificiellement gonflé. Il est donc à évaluer sur plusieurs années. On peut également compléter l'analyse du FCF en vérifiant sa cohérence dans le temps avec un ratio EBIT/EV.

Critères quantitatifs sur le flux de revenus à destination de l'actionnaire :

- **Les dividendes**

Les dividendes sont le flux de revenus que vous tirez de la rentabilité de la société dont vous êtes actionnaires. Ils sont à apprécier à plusieurs niveaux :

- Le **rendement sur dividendes courant**

$$Rendement = \frac{Dividende\ annuel}{Cours\ de\ l'action}$$

- **L'historique de distribution et de croissance du dividende.**
  Une action qui a un historique de croissance de dividende sur vingt ans pourra, même à rendement plus faible, être plus rassurante qu'une action à rendement élevé, mais dont il existe des doutes sur la pérennité de celui-ci. Ainsi, une action avec un rendement sur dividende courant de 3,5% mais une augmentation régulière de celui-ci de 8%/an, conduira à un rendement sur dividende (par rapport au prix d'achat en année n) de 7,56% en année n+10. Elle peut donc être dans certains cas plus intéressante qu'une action à rendement courant de 8%, mais qui serait quant à elle sous de réelles menaces de baisse de son dividende futur. Il n'y a pas de bons ou de mauvais achats d'actions, tout dépend du prix qu'on paye…Mais les actions de meilleure qualité, lorsqu'elles font le choix de verser un dividende, sont celles qui arrivent sur le long

terme à avoir un historique constant de croissance des dividendes, cette croissance étant au moins égale à l'inflation.

Nous avons déjà évoqué déjà ce point en fin de partie C, ainsi que le fait que plusieurs indices regroupent des actions ayant un historique de croissance des dividendes, dont le « S&P 500 Dividend Aristocrasts » qui est le plus ancien.

- Le **pay-out ratio ou taux de distribution des dividendes**.
  Il constitue la part du résultat distribué sous forme de dividendes. On peut choisir également de calculer ce ratio par rapport aux free cash-flows plutôt qu'au résultat pour les raisons vues précédemment.
  Il doit être inférieur à un, sinon cela signifie que l'entreprise rémunère ses actionnaires au-delà de ses moyens, et cela ne pourra bien sûr pas durer…

• **Le rendement de l'actionnaire (shareholder yield)**

Certaines entreprises choisissent de ne pas rémunérer leurs actionnaires uniquement par le moyen direct que constitue le versement de dividendes. Elles utilisent également un moyen indirect qui consiste à racheter leurs propres actions dans un but d'annulation. Prenons l'exemple suivant sur deux années successives pour une même Société :

	Année n	Année n+1
Nombre d'action	10 000	9 200
Valeur de l'action à capitalisation boursière constante	100 €	108,69 €
Résultat net total	100 000 €	100 000 €
Résultat net par action	10 €	10,86 €
Dividende/action	2 €	
Rachat d'actions pour annulation	80 000 € (8€ /action)	

On constate qu'un programme de rachat d'action fait mécaniquement monter la valeur d'une action, ainsi que le résultat rapporté à une action, et ce, même en cas de constance des résultats d'une année sur l'autre. Dans l'exemple ci-dessus, nous aurions ainsi en année n un rendement sur dividendes de 2%, mais un rendement de l'actionnaire de 2+8= 10%. En imaginant que le programme de rachat d'actions se prolonge sur plusieurs années, le bénéfice par actions augmentera, augmentant la valeur de celle-ci d'une part, et augmentant d'autre part le dividende/action qui pourra être potentiellement versé à terme.

On a donc :

Rendement de l'actionnaire =

$$\frac{Nombre\ d'actions\ \times\ dividendes\ par\ action\ +\ Total\ Rachat\ d'actions\ en\ \text{€}}{Capitalisation\ boursière}$$

Dans un tel cas, si nous revenons à la notion de pay-out ratio vue précédemment, le Free Cash-Flow doit couvrir à la fois le dividende versé et les rachats d'actions.

Les rachats d'actions peuvent être appréciés des actionnaires, car ils les enrichissent sans faire entrer en jeu de fiscalité comme c'est le cas lorsqu'on leur verse un dividende.

Toutefois, il faut être conscient que cette stratégie est bien menée si les rachats d'actions se concentrent sur une période où le cours de l'action est déprécié[29]. S'ils ont lieu également quand le cours est surévalué, vous vous retrouvez acheteur net d'actions au mauvais moment contre votre gré, c'est-à-dire que vous devenez de facto acheteur forcé à un prix auquel vous

---

[29] Et si ces rachats se font bien à des fins d'annulation, si c'est pour payer les stock-options des dirigeants c'est beaucoup moins intéressant...

n'auriez pas souhaité renforcer votre ligne d'actions de la Société : il aurait donc été plus profitable de récupérer le dividende en cash...

Un autre indicateur pertinent pour analyser le prix

Les initiés (management de l'entreprise...) sont obligés de déclarer publiquement les mouvements qu'ils font sur le titre de l'entreprise où ils occupent une place privilégiée :

- Il ne faut pas tirer de conclusions trop hâtives lorsque des ventes sont déclarées. Ce n'est pas parce qu'un membre du board vend des actions qu'il anticipe forcément de mauvaises nouvelles pour sa Société, ou qu'il considère le prix des actions comme surévalué : il peut tout aussi bien avoir simplement besoin d'argent frais pour financer la Ferrari de son caprice de la cinquantaine, offrir un appartement à sa fille, ou encore payer ses impôts.
- En revanche, en dehors peut-être du cas particulier d'un PDG voulant envoyer un signe politique au moment de sa prise de fonction, les initiés n'ont en général qu'une seule raison d'acheter les actions de leur entreprise. S'ils les achètent, ce ne peut a priori qu'être parce qu'ils considèrent qu'au vu des informations dont ils disposent, a priori de première main, la valeur proposée par M. Le Marché pour ces actions est inférieure à leur valeur intrinsèque. Les achats des initiés sont donc un indicateur très intéressant à suivre, en complément des ratios quantitatifs évoqués, pour déterminer si une action est chère ou ne l'est pas.

Qualité d'une action et ratios de profitabilité

Il y a deux choses à savoir au sujet des ratios et de la qualité d'une action. D'une part, il est logique de payer plus cher un cheval de course qu'un canasson, et donc d'accepter des ratios plus élevés pour l'achat du premier. D'autre part, il faut comprendre que certains ratios, permettant de mesurer la profitabilité, aident à identifier des entreprises avec des avantages concurrentiels, c'est-à-dire ces fameux chevaux de courses, qui sont notamment très appréciés de l'investisseur GARP.

Ce qui nous intéresse ici, c'est la profitabilité de l'entreprise, c'est-à-dire combien de profit une entreprise est capable de générer par euro qui a été investi dans son business. Contrairement aux PER ou autres EV/EBITDA, les ratios présentés ci-après **(ROA , ROE et ROIC)** ne font donc pas intervenir le prix de marché de l'entreprise (à travers sa capitalisation boursière), mais **rapportent sa rentabilité aux actifs possédés par l'entreprise**. Les capitaux propres utilisés au dénominateur de ces ratios sont donc exprimés à la valeur comptable inscrite au bilan et non à leur valeur de marché. Ces ratios ne mesurent donc en rien si le prix proposé par le marché pour ces actions est intéressant. En revanche, ils mesurent bien la qualité intrinsèque des entreprises sous-jacentes, en étudiant leur capacité à utiliser leurs actifs pour dégager des profits élevés. Or, des profits élevés se traduisent par une hausse de la valeur intrinsèque d'une entreprise, procurant en général à terme un « rendement sur business » aux possesseurs de leurs actions.

L'étude de ces ratios de profitabilité vous aidera donc forcément en tant qu'investisseur à identifier des entreprises ressortant comme extraordinaires au milieu de la masse. Après tout, le job des entreprises que vous recherchez n'est-il pas de prendre votre argent d'investisseur, puis de l'investir avec le meilleur rendement possible ? Par conséquent, les entreprises qui génèrent les meilleurs profits par dollar de capital investi devraient vous intéresser. De plus, des ROA et ROE élevés permettent parfois d'engendrer un cercle vertueux, car cela veut dire que ces entreprises sont potentiellement capables de réinvestir les profits qu'elles dégagent à des rendements élevés[30], amplifiant ainsi par effet d'intérêts composés l'enrichissement des heureux possesseurs de leurs actions.

- **Le Return on Assets (ROA)**

La définition académique du taux de rendement des actifs (ROA) est :

$$ROA = \frac{R\acute{e}sultat\ net}{Actifs}$$

Néanmoins, il vaut mieux la conceptualiser de la façon suivante :

$ROA = Marge\ nette \times Taux\ de\ rotation\ des\ actifs$, avec :

- $Marge\ nette = \frac{R\acute{e}sultat\ net}{Chiffre\ d\prime Affaires}$
- $Taux\ de\ rotation\ des\ Actifs = \frac{Chiffre\ d\prime Affaires}{Actifs}$

Cette deuxième vision illustre bien les **deux façons pour une entreprise de générer des profits opérationnels élevés** :

- Soit, en étant capable de vendre à des prix élevés, pour générer une marge nette importante, comme Coca-Cola,
- Soit, pour les Sociétés qui ne sont pas capables d'ajouter un premium élevé aux biens qu'elles vendent, en ayant un fort taux de rotation des actifs. C'est par exemple le cas de supermarchés comme Wal Mart, et on comprend avec cette formule tout l'intérêt de gérer les stocks en flux tendu.

Le ROA doit être considéré comme une mesure d'efficacité puisqu'il traduit la capacité d'une Société à transformer ses actifs en profits. Ainsi, une Société qui génère 2 millions d'euros avec 10 millions d'euros d'actifs aura

---

[30] Quand elles trouvent assez de projets pour les investir avec un ROE élevé ; une bonne gestion impliquant de redistribuer le reste sous forme de dividendes.

un ROA de 20%. Une Société qui génèrerait 2 millions d'euros, mais en utilisant quant à elle 40 millions d'euros d'actifs pour cela aurait un ROA de 5%. Or, n'importe qui finira par générer un profit si on lui donne une montagne de capitaux à investir pour cela. En revanche, plus rares sont les entreprises et managers qui arrivent à obtenir un profit élevé en investissant un capital réduit. C'est cette capacité à être profitable que mesure un ratio tel que le ROA.

- **Le Return on Equity (ROE)**

La définition académique du taux de rendement des capitaux propres (ROE) est la suivante :

$$ROE = \frac{Résultat\ net}{Capitaux\ propres}$$

Comme le ROA, il vaut néanmoins mieux le conceptualiser d'une façon légèrement différente :

$$ROE = Marge\ nette \times Taux\ de\ rotation\ des\ actifs \times Levier\ financier$$

- Avec $Levier\ financier = \frac{Actifs}{Capitaux\ propres}$

Au-delà des deux méthodes évoquées ci-devant pour rendre profitables les capitaux investis dans une entreprise (une marge nette élevée ou un taux de rotation des actifs élevé), l'utilisation d'un levier financier est le troisième élément pouvant optimiser la profitabilité des capitaux propres d'une entreprise. Ce levier financier doit toutefois être utilisé de manière raisonnable, et il est plus aisé à utiliser au sein des business qui génèrent des cash-flows stables et réguliers. En effet, un levier financier adéquat améliore la situation d'une entreprise, mais un levier financier trop élevé peut la tuer... Un ROE supérieur à 10% pour des Sociétés non financières, et ce, sur les cinq dernières années, est déjà le signe d'une bonne profitabilité. D'après Morningstar, seulement 10% des entreprises référencées dans sa base de données parviennent à atteindre un tel critère.

Le ROE a néanmoins deux limites. D'une part, celui des banques n'est pas directement comparable avec celui des autres Sociétés, en raison du fort effet de levier qu'elles portent. D'autre part, des ROE élevés peuvent être seulement dus à une structure capitalistique particulière. Ainsi, un cabinet de conseil unipersonnel pourra générer un ROE élevé s'il est capitalisé avec le minimum syndical, tout simplement parce que ces capitaux propres sont très faibles. Il n'y a pourtant aucune barrière à l'entrée dans cette activité.

- **Le Return on Invested Capital (ROIC)**

Le rendement sur capital investi est défini de la façon suivante :

$$ROIC = \frac{R\acute{e}sultat\ op\acute{e}rationnel\ apr\grave{e}s\ imp\^{o}ts}{Capitaux\ propres + Dettes\ financi\grave{e}res - Tr\acute{e}sorerie\ excessive}$$

Le terme « trésorerie excessive » dans la formule ci-dessus correspond à la trésorerie qui n'a pas à être absorbée dans le fonds de roulement pour les nécessités du business.

Le ROIC est un ratio de profitabilité très intéressant à calculer en complément des ROE et des ROA, car il présente certains avantages.

D'une part, son dénominateur intègre les dettes financières contrairement à celui du ROE, et les Sociétés endettées ne sont ainsi pas favorisées dans le calcul. De plus, ce dénominateur représente bien le capital réellement investi dans les activités opérationnelles de l'entreprise.

D'autre part, le ROIC, qui s'exprime en pourcentage (comme le ROA et ROE), peut être directement comparé au coût moyen pondéré du capital de l'entreprise (WACC) : on pourra ainsi déterminer **si la croissance de l'entreprise est créatrice de valeur.** En effet, pour que la croissance de l'entreprise soit créatrice de valeur, il faut que ce ROIC soit supérieur au coût moyen pondéré du capital. Si l'entreprise ne parvient pas à dégager un ROIC supérieur à son coût moyen pondéré du capital, toute croissance sera destructrice de valeur, et l'entreprise devrait plutôt choisir de distribuer l'intégralité de ses résultats : ce n'est pas toujours ce que les entreprises font par biais du « manager qui veut faire parler de lui avec de nouveaux projets ». Par extension, on notera que les entreprises qui suivent leur ROIC, le comparent à leur coût moyen pondéré du capital, et décident de leur allocation du capital à partir de ces indicateurs de pilotage font preuve d'une excellente gestion et servent l'intérêt de l'actionnaire.

Des **ROA, ROE ou ROIC élevés** sont donc des **conditions nécessaires pour identifier des entreprises avec des avantages concurrentiels, mais pas des conditions suffisantes**. Ce n'est en effet pas parce qu'une entreprise a réussi à démontrer une profitabilité élevée sur quelques années qu'elle arrivera à maintenir celle-ci dans la durée. L'histoire abonde par exemple de marques ou chaînes de magasins de vêtements qui ont été quelques années très à la mode, générant d'une profitabilité élevée, avant de tomber dans l'oubli et de décliner très rapidement. En sus d'identifier des ROA et ROE élevés, il faudra donc s'attacher à comprendre d'où peut provenir l'avantage concurrentiel d'une entreprise. Ce sera en effet la seule manière de valider qu'elle dispose bien de barrières à l'entrée : ce sera l'objet du chapitre D.3.

Niveau à atteindre pour les critères quantitatifs

Vous devez lire ces niveaux concernant les critères quantitatifs avec un certain recul. En effet, selon votre style et univers d'investissement, vous n'accorderez pas la même importance aux mêmes choses. Ainsi, un investisseur value bottom-up attachera une importance plus grande au ratio Price to Book qu'un investisseur GARP, qui risque quant à lui de cibler des actions avec des intangibles ayant une valeur économique nettement supérieure à leur valeur comptable. L'investisseur GARP, qui privilégié plutôt le rendement sur business au rendement sur erreur d'évaluation du marché, s'attachera de plus près à l'étude des ratios de profitabilité (ROE, ROA et ROIC) que l'investisseur value. Il n'est donc pas totalement indispensable qu'un même titre satisfasse intégralement l'ensemble des critères pour être digne d'intérêt : il ne faut donc les voir que comme quelques points de repère. Ces avertissements étant émis, voici quelques points de repère pour trier vos cibles d'achat potentielles :

- Price to Book < 1,5 (plutôt style value)
- Dettes nettes sur capitaux propres < 1,5 à 2, ou critère sur niveau des intérêts de la dette, ou leur taux de couverture par le FCF
- Historique de hausse des capitaux propres
- PER < 15
- Price to Book * PER < 22,5 (plutôt style value)
- EV/EBITDA < 8
- FCF yield > Min (5%, Taux obligation 10 ans +2%)
- Historique long de versement de dividendes (20 ans)
- Historique long de croissance de dividendes
- Pay-out ratio toujours inférieur à 1
- Stabilité du Return On Equity (ROE) dans le temps et ROE >10 à 12% avec un effet de levier raisonnable (pour chercher des actions de qualité avec avantages concurrentiels, donc plutôt style GARP),
- Stabilité du Return On Assets (ROA) dans le temps et ROA >7% (plutôt style GARP)
- ROIC supérieur au coût moyen du capital (WACC), gage que l'éventuelle future croissance du business sera bien créatrice de valeur pour l'actionnaire.

Certains sites web donnent ces ratios sans que vous ayez besoin de les calculer. Il faut cependant avoir compris leur mode de calcul pour en tirer toute la quintessence. On notera en conclusion de ce chapitre que ce ne sont pas forcément les ratios les plus couramment utilisés (PER) qui apportent le plus d'informations pertinentes à l'investisseur, au contraire d'autres moins connus (EV/EBITDA, FCF yield, ROA, ROE, ROIC).

Chapitre D.2

Méthodes d'estimation de la valeur intrinsèque

Nous avons vu que les investisseurs GARP privilégient avant tout un rendement sur business, alors que les investisseurs value privilégient plutôt le rendement sur erreur d'évaluation du marché. Dès lors, les investisseurs GARP doivent-ils se sentir autant concernés par l'estimation d'une valeur intrinsèque ? La réponse est sans conteste oui, et ce, pour deux raisons :

- D'une part, l'investisseur GARP, bien que tolérant une marge de sécurité inférieure, cherche quand même à acheter ses actions à un prix inférieur à leur valeur intrinsèque.
- D'autre part, avoir une valeur intrinsèque en tête l'aidera à avoir un comportement d'investisseur gagnant, prenant avantage sur le marché plutôt que subissant ses errements : il est en effet plus facile d'acheter ou de renforcer une action de qualité quand le marché s'écroule si on a préalablement en tête sa valeur intrinsèque.

Quoi qu'il en soit, il sera impossible de calculer une valeur intrinsèque précise. La valorisation est un art difficile et, quelle que soit la méthode choisie, l'investisseur sera amené à faire un certain nombre d'hypothèses. Celles-ci auront toutes un impact sur le résultat final. Le calcul incorpore donc un certain nombre d'incertitudes, et le but est plutôt de calculer une valeur intrinsèque dans laquelle on pourra avoir confiance en l'associant à une marge d'incertitude, plutôt que d'établir un calcul précisément faux. Il faut que vous vous rappeliez la raison pour laquelle vous cherchez à calculer une valeur intrinsèque, i.e. pour vérifier que vous disposez d'une marge de sécurité lorsque vous achetez une action : il n'est donc pas nécessaire d'établir pour cela une valeur intrinsèque à la virgule près.

Le Discount Cash Flow (DCF)

Théorie de base

Cette méthode dite du DCF consiste à calculer la **valeur actuelle des cash flows futurs** encaissés par l'entreprise et donc appartenant à l'actionnaire.

La valeur actuelle d'un flux futur s'exprime de la façon suivante :

$$Valeur\ actuelle = \frac{Valeur\ future}{(1+r)^n}$$

Où r est le taux d'actualisation, et n le nombre d'années au bout duquel le cash-flow est encaissé.

La valeur actuelle de 1000 € reçus dans 5 ans avec un taux d'actualisation de 2,5% est par exemple de 1000/(1+0.025)^5= 883 €

Lorsque les cash flows sont réguliers, annuels comme peuvent l'être ceux d'une entreprise, leur valeur actuelle sera donc du type :

$$Valeur\ actuelle = \frac{Cash\ flow\ An1}{(1+r)^1} + \frac{Cash\ flow\ an2}{(1+r)^2} +..+ \frac{Cash\ flow\ An\ n}{(1+r)^n}$$

Le taux d'actualisation *r* est le taux **qui rend** indifférent un investisseur entre recevoir *X euros* **aujourd'hui** ou *X*(1+r)^n euros* **dans *n* années**. Il ne faut pas prendre **un taux d'actualisation passe partout, mais un taux qui tient compte du risque intrinsèque de l'investissement** : plus l'investissement est risqué (en termes d'incertitude des flux futurs), plus le taux d'actualisation *r* devra être élevé. Ainsi, pour un investissement parfaitement liquide disponible à tout moment, et sans risque nominal, le taux d'actualisation *r* se rapprochera du taux d'inflation anticipé. En revanche, pour un investissement en action, il sera supérieur.

En pratique, pour une entreprise, on doit actualiser les cash-flows appartenant à l'actionnaire qui sont les Free cash Flows (FCF) tels que définis au chapitre précédent comme l'EBITDA de l'entreprise, moins les dépenses lourdes d'investissement nécessaires au maintien de son activité (et donc des flux futurs), et ce, après impôts.

Le taux d'actualisation *r* est pris comme le coût moyen pondéré du capital (WACC pour Weight Average Capital Cost en anglais). Le capital d'une entreprise étant composé de capitaux propres (CP) et de dettes, il est défini de la façon suivante :

$$r = WACC = Part\ CP\ \times co\hat{u}t\ CP + Part\ dette \times C\hat{o}ut\ dette \times (1 - Taux\ d'imposition)\ ,\ \text{où :}$$

- *Part CP* et *Part dettes* sont exprimés en valeur de marché et non en valeur de bilan.
- *Coût dette* est l'intérêt moyen auquel emprunte l'entreprise.
- *Coût CP* doit être vu comme le taux d'actualisation exigé par l'investisseur en actions dû à l'incertitude des flux futurs ; il peut être modélisé ainsi :

$$Co\hat{u}t\ CP = Taux\ sans\ risque + Prime\ risque,\ \text{avec}$$

$$Prime\ risque = Prime\ moyenne\ actions \times Ratio\ risque\ relatif$$

Il est logique que l'investisseur en actions exige une prime de risque en sus du taux dit sans risque (assimilable à celui des obligations d'état à 10 ans par exemple). La prime de risque du marché action a été historiquement en moyenne de l'ordre de 4,5% à 5%. Cette prime de risque est ensuite à pondérer par un ratio de risque relatif, inférieur à 1 si l'investissement est jugé moins risqué que la moyenne du marché actions (par exemple pour des cash flows stables et prévisibles d'une entreprise comme Coca-Cola), et supérieur à 1 dans le cas inverse (par exemple, dans le cas de cash flows erratiques d'une entreprise cyclique comme Peugeot).

L'inconvénient majeur du modèle DCF est sa sensibilité au taux d'actualisation choisi. Une variation d'un point de pourcentage du taux d'actualisation a un impact significatif sur la valeur actuelle des cash flows futurs. Or, ce taux d'actualisation fait lui-même l'objet d'une estimation et d'hypothèses…

Les Free cash flows étant calculés à partir de l'EBITDA, ils correspondent à des profits opérationnels, et n'intègrent donc pas les intérêts perçus sur le cash disponible ou ceux payés sur la dette. Nous avons donc seulement calculé la valeur actuelle des actifs opérationnels. Pour arriver à la valeur d'une action, c'est-à-dire d'une part des capitaux propres, il faut effectuer l'opération suivante[31] :

$$Valeur\ intrinsèque\ par\ action = \frac{Valeur\ actuelle\ des\ FCF + Cash - Dettes}{Nombre\ de\ parts}$$

<u>L'approche grossière</u>

Lorsqu'on considère des cash flows **constants** qui durent **perpétuellement**, l'expression de leur valeur actuelle peut, grâce à la formule d'une suite géométrique, être simplifiée de la manière suivante :

$$Valeur\ actuelle = \frac{Free\ Cash\ Flow\ annuel}{r}$$

---

[31] Pour être totalement précis, il faudrait en pratique ajuster la formule des intérêts minoritaires et déduire les éventuelles options du management.

Au lieu de raisonner au niveau de l'entreprise globale, on peut raisonner au niveau des capitaux propres. On prendra donc au numérateur le bénéfice par action. Comme taux d'actualisation au dénominateur, et ce, afin de rester homogène, sera retenu le coût des capitaux propres plutôt que le coût moyen pondéré du capital :

$$Valeur\ intrinsèque\ par\ action = \frac{Bénéfice\ par\ action}{Coût\ des\ capitaux\ propres}$$

Cette approche grossière a l'avantage d'être rapide, mais présente deux inconvénients :

- D'une part, on utilise le résultat net au numérateur. Celui-ci est soumis à plus d'artifices comptables que le FCF et reflètera donc la réalité du business de façon moins propre que ce dernier,
- D'autre part, on considère un cash-flow constant perpétuellement. La formule ne tient donc compte ni de la croissance, ni du rendement des capitaux investis. Ce n'est là qu'un demi-inconvénient, car comme nous le verrons plus loin, une croissance génératrice de valeur est plutôt l'exception que la règle.

Le coin des experts

Si vous vous sentez prêts à aller plus loin sur le DCF (sinon passez directement à l'item suivant sur les valorisations d'actifs), examinons les formules adaptées si on veut y intégrer une phase de croissance.

La valeur actuelle d'un FCF en croissance continue sur *n* années est donnée, en prenant comme taux d'actualisation le coût moyen pondéré du capital (r=WACC) et exprimant par *g* le pourcentage de croissance, par la formule suivante :

$$Valeur\ actuelle = \frac{FCF}{(WACC - g)} \times \left[1 - \frac{(1 + g)^n}{(1 + WACC)^n}\right]$$

Le FCF étant le cash-flow disponible, il est fonction du profit opérationnel net après impôts (NOPAT : Net Operating Profit After Taxes) et du taux de réinvestissement :

$$NOPAT = EBIT \times (1 - Taux\ d'imposition)$$

$$FCF = NOPAT - [Depénses\ d'investissement - Amortissements]$$

Les dépenses d'investissement sont une dépense en cash, mais pas une dépense comptable, alors que les amortissements dégradent le résultat comptable, mais ne correspondent pas à une sortie en cash. Si on pose *Dépenses nettes d'invest. = Dépenses d'invest. – Amortissements,* on a :

$$FCF = NOPAT - Depénse\ \textbf{nettes}\ d'investissement$$

Et avec :

$$Taux\ de\ réinvestissement = \frac{Depénse\ \textbf{nettes}\ d'investissement}{NOPAT}\ , \text{il vient :}$$

$$FCF = NOPAT \times (1 - Taux\ de\ réinvestissement)$$

Par ailleurs, la croissance *g* peut s'exprimer ainsi :

$$g = ROIC * Taux\ de\ réinvestissement$$

D'où il ressort :

$$FCF = NOPAT \times (1 - \frac{g}{ROIC})$$

En remplaçant dans la formule précédente, on obtient la valeur actuelle des cash flows d'une entreprise, exprimés en fonction de sa croissance, son ROIC, et son WACC :

$$Valeur\ actuelle = \frac{NOPAT \times (1 - \frac{g}{ROIC})}{(WACC - g)} \times \left[1 - \frac{(1+g)^n}{(1+WACC)^n}\right]$$

Que l'on peut également écrire :

$$Valeur\ actuelle = \frac{NOPAT \times (1 - \frac{g}{ROIC})}{WACC \times (1 - \frac{g}{WACC})} \times \left[1 - \frac{(1+g)^n}{(1+WACC)^n}\right]$$

Si on considère une croissance **perpétuelle, on a n qui tend vers l'infini**, et la croissance g se rapproche du taux de croissance global de l'économie (une entreprise mature ne pouvant croître indéfiniment à un taux nettement supérieur à celui de l'économie) et est donc inférieur au WACC, il vient :

$$(A)\ \ Valeur\ actuelle\ flux\ perpétuel = \frac{NOPAT \times (1 - \frac{g}{ROIC})}{WACC \times (1 - \frac{g}{WACC})}$$

On retrouve ici par les chiffres ce qu'on nous évoquions précédemment au sujet de la croissance qui peut être aussi bien créatrice que destructrice de valeur.

En effet, pour que la croissance soit créatrice de valeur il fait que le terme $\frac{1 - \frac{g}{ROIC}}{1 - \frac{g}{WACC}}$ soit supérieur à 1. Or, pour cela il faut bien que le rendement sur capital investi (ROIC) soit supérieur au coût moyen pondéré du capital. Dans le cas inverse, la croissance est destructrice de valeur. Si WACC=ROIC, la croissance n'a pas d'impacts.

En pratique, une solution ad hoc pour valoriser une entreprise en croissance par DCF est de distinguer deux périodes avec :

- D'abord, une période de croissance forte sur quelques années (par exemple n=5 ans) avec :

$$Valeur\ actuelle\ n\ années\ g\ forte = \frac{NOPAT \times (1-\frac{g}{ROIC})}{WACC \times (1-\frac{g}{WACC})} \times \left[1 - \frac{(1+g)^n}{(1+WACC)^n}\right]$$

- Ensuite, la valeur actuelle d'un flux perpétuel à partir de l'année n+1. Pour cela, on reprend la formule (A), où on pose que ROIC=WACC à partir de l'année n+1 (de sorte que la croissance n'est plus créatrice de valeur à partir de l'année n+1). Elle se simplifie alors en NOPAT/WACC. Cette valeur de flux perpétuel étant calculée en année n et non dès la première année, le numérateur doit tenir compte de la croissance sur n années, et on doit l'actualiser par un facteur $1/(1+WACC)^n$:

$$Valeur\ Terminale\ année\ n = \frac{NOPAT \times (1+g)^n}{WACC \times (1+WACC)^n}$$

On peut alors conclure par :

$$Valeur\ actuelle\ totale$$
$$= Valeur\ actuelle\ croissance\ forte + Valeur\ Terminale$$

$$Valeur\ intrinsèque\ par\ action = \frac{Valeur\ actuelle\ Totale\ + Cash - Dettes}{Nombre\ de\ parts}$$

Il existe certains outils qui vous permettent d'automatiser ces calculs de DCF. La page *Bibliographie et ressources pratiques* en fin d'ouvrage donne un lien où certains d'entre eux sont référencés.

Les valorisations d'actifs

La méthode de valorisation des actifs est une méthode qui part du bilan d'une entreprise. Elle consiste à essayer d'évaluer poste par poste les actifs de l'entreprise à leur juste valeur, en apportant des corrections sur les valeurs comptables exprimées sur chaque poste dans le bilan. Cette estimation des actifs peut être vue de deux façons :

- **L'estimation des actifs à la casse**, c'est-à-dire ce qu'il pourrait en être retiré en cas de **mise en liquidation volontaire** de l'entreprise. Cette solution sera celle à utiliser dans le cas d'une entreprise non viable (secteur en surcapacité etc...). La valeur ainsi trouvée pourra par ailleurs faire office de borne basse pour une entreprise viable.
- **L'estimation de la valeur de renouvellement des actifs.** Il s'agit ici d'évaluer la somme qu'une entreprise concurrente devrait dépenser pour posséder les mêmes actifs que l'entreprise. Cette solution est valable pour une entreprise viable, dont on peut penser qu'elle sera capable de poursuivre son activité à horizon long terme.

La valeur de mise en liquidation volontaire

Pour calculer une valeur d'actifs nette, il faut faire la somme des valeurs d'actifs corrigées, puis la netter des dettes :

- La trésorerie est comptée à sa valeur comptable.
- Sur les actifs courants comme les stocks, des retraitements sont effectués. On prend en général une valeur inférieure à leur valeur comptable (correspondant à leur coût de revient), notamment quand ce sont des produits finis et spécifiques, et donc vite obsolètes (vêtements, produits technologiques). En revanche, pour des matières premières non transformées, la décote à appliquer est logiquement moins importante. De même, des corrections peuvent être apportées sur les créances clients si on doute de leur paiement.
- Pour les actifs immobilisés, le traitement est différent selon la situation. Ils peuvent être valorisés à la hausse quand ce sont des immeubles (bureaux etc..) qui sont portés à leur valeur d'achat dans le bilan. Si l'achat est lointain dans le passé, leur valeur réelle de marché peut en effet être désormais nettement supérieure. En revanche, des usines de production d'un marché en surcapacité

(usines automobiles européennes par exemples) devront quant à elles plutôt être retraitées par une décote.
- Les dettes au bilan sont soustraites.
- Les dettes non visibles, comme des engagements hors bilan (location de locaux en leasing) sont également soustraites. On peut en effet supposer que l'entreprise devrait payer au moins une partie des sommes pour rompre ses contrats.

La valeur de mise en liquidation volontaire ainsi calculée correspond à ce que l'entreprise vaudrait si elle était mise en liquidation de façon ordonnée. Pour une entreprise qui fait des bénéfices, il faut la voir comme une borne basse de la valeur intrinsèque : si le cours de marché est inférieur à cette borne basse, l'acheteur peut acheter avec une très bonne marge de sécurité. En revanche, pour une entreprise qui fait des pertes récurrentes, il faut être plus prudent : par ces pertes, cette entreprise dilapide en effet la valeur de ses actifs et elle vaut en quelque sorte plus cher morte que vivante. Des gains substantiels peuvent néanmoins être effectués par l'investisseur value dans de telles situations : pour cela, il faut qu'un catalyseur émerge avant que la marge de sécurité ne soit rognée par dilapidation de la valeur intrinsèque : si ce n'est pas une mise en liquidation volontaire, cela peut être des catalyseurs partiels, par exemple des ventes d'actifs (avec éventuelle distribution d'un dividende exceptionnel), l'abandon des activités qui engendrent les plus grosses pertes etc…

La valeur de renouvellement des actifs

Pour le calcul de la valeur de renouvellement des actifs, le schéma est le même, sauf que l'on ne se place pas cette fois dans une optique de liquidation, mais d'estimation du coût qu'une entreprise concurrente devrait payer pour posséder les mêmes actifs. Cet état d'esprit différent amène certains ajustements dans les évaluations :

- Les stocks peuvent être pris à leur valeur comptable s'ils ne sont pas spécifiques. En revanche, sur des produits technologiques par exemple, l'entreprise concurrente constituerait un stock de produits plus récents. Une dépréciation peut donc être malgré tout être effectuée sur les stocks rentrés comptablement aux coûts d'achats.
- Des éléments non inscrits au bilan peuvent faire partie des actifs de l'entreprise. Ces actifs cachés peuvent être de la R&D, du marketing etc... On ajoutera par exemple à la valeur de renouvellement des actifs les X années de dépenses marketing nécessaires pour obtenir une renommée équivalente.
- Les dettes court-terme fournisseurs peuvent ne pas être déduites des actifs. En effet, un nouvel entrant n'obtiendrait pas nécessairement de facilités de paiement de ses fournisseurs. Les dettes à long terne seront quant à elles bien sûr déduites.

« Je préfère acheter des actifs plutôt que des bénéfices », Walter Schloss

Les méthodes relatives et réflexives

Les deux méthodes précédentes sont des méthodes de valorisation absolue de la valeur intrinsèque. On peut également employer des méthodes relatives. Il s'agit cette fois de comparer les ratios de l'entreprise qui nous intéresse aux ratios moyens d'un panel d'entreprises du même secteur. Les ratios utilisés ici sont ceux que nous avons décrits au chapitre D.1 comme permettant d'identifier des actions pas chères. Ainsi, par cette méthode relative, on peut penser que si les ratios de l'entreprise étudiée sont plus bas que la moyenne du secteur (ou qu'un panel d'entreprises du même secteur **et de qualité équivalente**), elle est sous-valorisée. On pourra ainsi utiliser en valorisation relative les ratios suivants :

- PER (espéré inférieur)
- EV/EBITDA (espéré inférieur)
- Price to Book (espéré inférieur)

- FCF yield (espéré supérieur) etc…

Il existe également des méthodes réflexives, proches de la méthode relative ci-dessus, car elles utilisent les prix donnés par le marché pour estimer une valeur absolue de valeur intrinsèque. Elles peuvent être utilisées à 2 fins :

- Lors de la valorisation d'actifs, pour estimer les participations minoritaires d'une entreprise en appliquant le prix d'entités cotées équivalentes.

  Par exemple, imaginons qu'une entreprise A possède 10% d'une entreprise B. Si une entreprise C, similaire à l'entreprise B, est cotée, on pourra prendre en compte les ratios proposés par le marché (PER etc…) pour l'entreprise C, puis les appliquer aux résultats de l'entreprise B :

  *Valeur de A dans B = PER de C * Résultat net de B * 10%*

- Pour établir une comparaison avec les multiples historiques de la valeur étudiée. Ainsi, si l'action Coca-Cola se négocie à un EV/EBITDA de 6 alors que celui-ci a été historiquement de 12 sur les dix dernières années, on jugera qu'elle relativement peu chère.

Quelle méthode choisir ?

Les convergences théoriques entre les méthodes

Pour une entreprise viable, la valeur qui semble la plus sûre semble être la valeur de renouvellement des actifs. En effet, contrairement au DCF, elle n'a pas impliqué de choisir un taux de coût du capital, qui influe fortement sur son résultat.

Pourtant pour une entreprise évoluant sans avantage concurrentiel, la valeur de renouvellement des actifs et la valeur calculée avec la méthode du DCF à partir d'un free cash- flow normatif (moyenne sur plusieurs années après impôts) stable et perpétuel (et donc actualisé en divisant par le coût moyen pondéré du capital[32]) devraient converger.

Pour une entreprise sans avantage concurrentiel (ni désavantage) :

$$\Rightarrow ValeurDCF = \frac{Free\ Cash\ Flow\ annuel}{WACC} \approx Coût\ renouvellement\ des\ actifs$$

L'explication est assez logique. Si une entreprise venait à générer des retours sur capitaux investis supérieurs à son coût du capital, alors son secteur d'activité attirerait la concurrence. Ne disposant pas de barrières à l'entrée, l'arrivée de nouveaux compétiteurs dans le secteur entrainerait rapidement l'alignement des retours sur capitaux investis avec le coût du capital. On retrouve de façon plus chiffrée l'exemple de la boulangerie du chapitre C.3 : **si une nouvelle entreprise duplique le capital d'une entreprise existante ne disposant pas de barrières à l'entrée, elle va générer des cash-flows similaires, ceux-ci étant les cash-flows normatifs correspondant au coût du capital du secteur d'activité.** Par corollaire, la valeur actualisée des cash-flows d'une entreprise sans barrières à l'entrée ne peut durablement être supérieure à sa valeur de renouvellement des actifs. C'est le système d'autorégulation de l'économie qui attire des acteurs dans les secteurs en sous-capacité (où des entreprises arrivent à avoir **provisoirement** ROIC>WACC), et qui permet l'arrêt de l'afflux de capitaux vers les secteurs en surcapacité (tant que ROIC<WACC)

C'est pour la même raison qu'une croissance qui se fait sans barrières à l'entrée se fera généralement à ROIC=WACC, point d'équilibre de l'économie, et ne génèrera donc pas de valeur. Il y aura en effet potentiellement des hausses de chiffre d'affaires ou de résultats, mais celles-ci auront consommé des capitaux. **Contrairement aux croyances**

---

[32] On applique la formule présentée dans le coin des experts du DCF soit avec g=0, soir avec ROIC=WACC, ce qui revient au même. C'est-à-dire à calculer directement la valeur terminale en année 0.

populaires, toute croissance ne génère donc pas de la valeur pour l'actionnaire. La seule qui en génère est celle qui se fait à ROIC>WACC, et c'est plutôt l'exception que la norme, car pour qu'une croissance puisse exister durablement dans ces conditions, il faut que l'entreprise dispose d'avantages concurrentiels. A partir de là, il y a donc trois cas possibles :

- 1. Les valeurs que vous avez trouvées en DCF et en renouvellement des actifs sont proches. Dans ce cas, cela conforte la pertinence des valeurs trouvées.
- 2. La valeur trouvée en DCF est supérieure à la valeur de renouvellement des actifs :
    - 2.a Soit vous n'identifiez pas qualitativement d'avantages concurrentiels comme ceux présentés au chapitre D.3. Dans ce cas, il est probable que votre calcul de DCF soit erroné. Peut-être le Cash-Flow normatif pris en compte n'est pas soutenable à long terme, et correspond à un ROIC>WACC provisoire en attente de normalisation par attrait des concurrents pour le secteur ? Peut-être avez-vous utilisé un Coût moyen pondéré du capital trop faible ?
    - 2.b Soit vous identifiez des avantages concurrentiels durables et savez les qualifier dans l'une des catégories que nous verrons au chapitre D.3. Dans ce cas, comme votre entreprise évolue avec des barrières à l'entrée, il est logique que sa valeur soit supérieure au taux de renouvellement de ses actifs. C'est alors la valeur du DCF qui modélise le mieux la valeur intrinsèque réelle de l'entreprise. (Ceci dit si le marché vous propose l'action au prix de la valeur de renouvellement des actifs, foncez, votre marge de sécurité n'en sera que plus grande puisque vous acquerrez cette capacité bénéficiaire supérieure à la normale « gratuitement »…)

- 3. La valeur que vous avez trouvée par DCF est inférieure à la valeur de renouvellement des actifs. C'est une situation moins fréquente, que vous devriez rencontrer dans des secteurs en surcapacité. Par exemple, qui voudrait acheter des usines automobiles européennes sous-utilisées à leur valeur comptable (ou de renouvellement) ? Dans ce cas, la voie de la sagesse est celle du conservatisme, et il faudra retenir la valeur la plus faible.

Choisir les meilleures méthodes et combiner leurs résultats

Certaines méthodes sont plus efficaces dans certains contextes :

- Le DCF sera plus efficace pour des entreprises ayant des cash-flows et des ratios de profitabilité stables.
- La valeur de mise en liquidation volontaire sera adaptée à des entreprises non rentables traitant sous leur valeur de capitaux propres.
- Les méthodes réflexives seront efficaces pour évaluer un fonds fermé détenant des participations cotées etc…

Un bon calcul de valeur intrinsèque combinera la plupart du temps plusieurs méthodes, absolues ou relatives. La valorisation étant un art difficile, l'investisseur devra en permanence se remémorer deux choses :

- D'une part, il n'est pas toujours nécessaire d'obtenir un calcul de valeur intrinsèque ultraprécis pour être capable d'affirmer avec un degré de confiance élevé que l'on dispose d'une marge de sécurité.
- D'autre part, l'investisseur n'est jamais obligé d'investir. S'il échoue à estimer une valeur intrinsèque sur une action donnée, rien ne l'interdit de passer son tour pour cette fois. Ce sera d'ailleurs la seule chose à faire dans pareil cas : en effet, s'il n'a pas confiance dans son estimation de valeur intrinsèque, il devrait répondre *non* à la question qu'il faut se poser <u>avant</u> tout investissement en bourse,

i.e. « Etes-vous prêts à renforcer en cas de baisse supplémentaire du cours ? »

Chapitre **D.3**

Comment déterminer les avantages concurrentiels ?

Nous avons vu que la croissance est créatrice de valeur seulement quand le rendement sur capital investi est supérieur au coût moyen pondéré du capital. Si une entreprise est en croissance sans consommer plus de capital, elle génère de la valeur à hauteur du niveau auquel le rendement sur capital investi excède le coût du capital. On peut alors se trouver dans deux cas :

-   La Société ne dispose pas d'avantages concurrentiels. Dans ce cas, sa profitabilité va attirer des concurrents qui vont chercher à reproduire ses actifs. Par effet de retour à la moyenne, la rentabilité de ses actifs va alors progressivement se normaliser au coût moyen pondéré du capital (exemple de la boulangerie déjà évoqué précédemment).
-   La Société dispose d'avantages concurrentiels. Dans ce cas, la reproduction de ses actifs par un concurrent ne lui suffira pas à acquérir la même position concurrentielle. L'entreprise dispose donc de barrières à l'entrée qui vont lui permettre de conserver un taux de rendement du capital investi supérieur au coût du capital. Dans ce seul cas, la croissance sera créatrice de valeur pour l'actionnaire.

L'investisseur GARP ne peut donc pas se contenter de rechercher des entreprises dont les résultats sont en croissance sur les dernières années. En effet, la plupart de celles-ci ne parviendront pas à maintenir cette tendance, car pour cela il faut disposer d'avantages concurrentiels durables. Or, **ce dernier cas est plutôt l'exception que la norme : sur les 40 entreprises du CAC40, les doigts d'une main suffisent pour comptabiliser celles disposant d'avantages concurrentiels forts.** Et sensiblement moins de la moitié de ces quarante disposent d'avantages concurrentiels moyens[33].

Il est donc nécessaire, notamment pour l'investisseur GARP, de déterminer si le château est bel et bien entouré d'un fossé. Il lui faudra également estimer quelle est la largeur de ce fossé et combien de temps celui-ci va exister. Nous avons vu que des ratios de profitabilité élevés (ROA, ROE, ou ROIC), traduisant des marges élevées, sont une condition nécessaire à la présence de barrières à l'entrée. Beaucoup d'entreprises avec des barrières à l'entrée ont par ailleurs des dépenses d'investissement de continuité d'activité faibles, c'est-à-dire des ratios Free cash Flows/EBITDA élevés. Cependant, ce ne sont pas des conditions suffisantes : une entreprise qui s'est installée sur un nouveau marché peut générer des ratios de profitabilité élevés tant que la concurrence ne s'est pas mise en ordre de marche, avant que ces ratios ne retournent ensuite vers la moyenne (le coût du capital dans le secteur).

Pour être capable de déterminer si des avantages concurrentiels existent ou non, il faut donc en sus être capable **d'identifier qualitativement où ceux-ci trouvent leur source,** c'est-à-dire savoir répondre à la question **« Pourquoi l'entreprise arrive-t-elle à continuer à générer des marges élevées, et comment éloigne-t-elle les concurrents du partage du gâteau ? »**

---

[33] Classement Morningstar

Les sources d'avantages concurrentiels peuvent provenir de quatre sources :

- 1. La supériorité du produit proposé (réelle ou perçue),
- 2. Le blocage des clients,
- 3. Le blocage des concurrents,
- 4. Les coûts faibles permettant de proposer un produit ou service équivalent à celui de la concurrence à un prix inférieur.

1. La supériorité du produit proposé (réelle ou perçue) : un pricing power élevé

Un produit qui sera réellement supérieur à celui de la concurrence pourra être source d'avantage concurrentiel. Cependant, autant cet avantage pourra générer une profitabilité élevée, autant la durée de celle-ci sera en général éphémère : sur un produit technologique par exemple, les concurrents rattraperont leur retard un jour ou l'autre. Pensez au Palm, ancêtre des smartphones, qui était le must-have des cadres au début des années 2000, car plus performant que tous les produits concurrents d'alors. Qu'est devenue la Société Palm aujourd'hui dans le paysage économique ?

Le fondement le plus puissant d'avantage concurrentiel en termes de supériorité du produit est donc une *qualité supérieure perçue*, trouvant par exemple sa source dans la puissance d'une marque. **Une marque, aussi connue soit-elle, ne suffit cependant pas à en faire un avantage concurrentiel** : Sony et Philips sont des marques très connues, mais le client choisira toujours le téléviseur au meilleur rapport qualité-prix. De même, entre un téléphone Nokia et Samsung, entre une voiture BMW et Mercedes etc... Ces marques ont bien une valeur, correspondant aux coûts nécessaires pour reproduire leur notoriété. Néanmoins, leur notoriété ne suffit pas à tenir les concurrents en dehors du château, et donc elles ne constituent pas des barrières à l'entrée. Leur valeur n'excède donc pas leur coût de renouvellement en tant qu'actifs intangibles. La preuve en est qu'une marque comme HTC, inconnue il y a dix ans, a su prendre une part de marché substantielle des téléphones.

Par contre, si vos enfants souhaitent aller au McDonald et qu'à la place vous les emmenez au grill « chez Michel », ils risquent de ne pas afficher le sourire que vous attendiez, et ce, même si Michel cuisine de bons burgers… Les marques qui sont **assez fortes pour constituer des avantages concurrentiels** sont donc celles que les clients considèrent comme **non-substituables**. Elles ont en effet réussi à développer un fort sentiment de qualité supérieure perçue par ceux-ci, se traduisant par une très forte fidélité. On peut penser au Coca-Cola que le client ne substituera pas par un produit « Cola » de marque de supermarché, aux rasoirs Gillette qui ont su démontrer un fort sentiment de qualité supérieure perçue chez les hommes, ou à certains produits L'Oréal (même chose en version féminine…).

« Si le client est prêt à fouiller toute la ville pour acheter le produit x *plutôt que d'acheter la concurrence, vous avez une compagnie avec une niche/un avantage compétitif », Warren Buffett*

Ce sentiment de qualité supérieure perçue constitue sans conteste un avantage concurrentiel, car la Société dispose d'un **« pricing power »**, **c'est-à-dire d'une capacité à vendre des produits à prix élevés, sans faire fuir les clients**. Ceux-ci ne considèrent pas les substituts proposés à moindre coût comme équivalents. Ces Sociétés peuvent par conséquent augmenter régulièrement le prix de leurs produits sans difficulté, au moins du niveau de l'inflation.

2. Le blocage des clients : les coûts de transfert

Les avantages concurrentiels basés sur le blocage des clients existent quant à eux par ce qu'on appelle *les coûts de transfert.*

Les coûts de transfert correspondent aux coûts et efforts cachés nécessaires pour passer d'un produit ou service d'une entreprise A (auquel le client est habitué) au produit ou service d'une entreprise B. L'avantage concurrentiel existe si les coûts de transfert sont supérieurs aux bénéfices que procurerait au client l'abandon des produits de l'entreprise A pour ceux de l'entreprise B.

Un cas fréquent existe dans le domaine des logiciels d'entreprise. Si les bases de données de l'entreprise sont sur technologie Oracle, le changement pour un fournisseur différent nécessiterait des adaptations chronophages, et détournerait surement le personnel du cœur de métier de l'entreprise. De même, l'abandon du système d'exploitation Microsoft poserait des problèmes d'interfaces et de formation des utilisateurs. Par ailleurs, quoique dans des proportions moindres, on constate que les entreprises sont souvent fidèles à leur logiciel de paie ou de comptabilité pour des raisons similaires.

Des coûts de transfert existent également du point de vue des clients particuliers. Beaucoup de clients de banques traditionnelles trouvent que l'économie de quelques euros mensuels qu'ils réaliseraient en choisissant plutôt une banque en ligne ne vaut pas les papiers à remplir, les transferts de virement à effectuer etc... Les propaniers qui louent les cuves aux clients en sus de leur vendre leur gaz propane savent qu'un éventuel changement de fournisseur par ces derniers impliquerait l'installation d'une nouvelle cuve par le nouveau fournisseur (avec des coûts associés).

Un fabricant de matériel médical pourra également baser ses barrières à l'entrée sur les coûts de transfert, puisqu'un médecin n'aura pas à recommencer sa formation à zéro s'il continue d'utiliser les machines de sa marque habituelle (avec quelques améliorations incrémentales par rapport à la génération précédente). De même, pour un chirurgien habitué à certaines prothèses. Les journées des médecins étant généralement chargées, les entreprises jouent ainsi ici sur le facteur temps comme coût de transfert trop élevé pour passer du fournisseur habituel à un concurrent.

Les coûts de transfert élevés existent donc soit quand le produit est fortement intégré dans un environnement, soit lorsqu'il nécessite un temps de formation important, ou encore lorsque le gain financier potentiel est faible relativement aux efforts à effectuer. A l'opposé, on ne trouve pas d'avantage concurrentiel par coût de transfert dans le secteur du commerce et de la distribution. Il est en effet facile pour un client de sortir d'un magasin et d'aller faire ses emplettes en prenant la porte d'à côté... De même, une marque de vêtements subitement à la mode va générer de forts ratios de profitabilité : cependant, on voit bien là leur caractère de condition seulement nécessaire à la présence d'un avantage concurrentiel, puisque dans un tel cas, les coûts de transfert étant nuls, on ne sait pas combien de temps cet effet mode va durer.

3. Le blocage des concurrents : licences & brevets ou « effet réseau »

Les licences et brevets

Quand on parle de blocage des concurrents, on pense d'abord intuitivement à l'octroi de licences exclusives ou au dépôt de brevets.

Les licences exclusives entraînent certaines situations de monopole : exploitation de casinos etc... Si elles peuvent constituer un avantage concurrentiel par blocage des concurrents, la profitabilité qu'elles procurent n'est pas toujours dans le haut du panier. Par exemple, les fournisseurs d'électricité ont pendant des années disposé d'un avantage concurrentiel basé sur le monopole. Néanmoins, c'était in fine le pouvoir régulateur qui fixait le taux de rendement des investissements à un niveau correct, mais néanmoins borné.

Concernant la protection permise par un brevet, elle n'est pas si durable que ça si elle ne repose que sur un brevet unique. Les Sociétés qui disposent d'un avantage concurrentiel en bloquant les concurrents par des brevets ont en général plutôt un important flux de brevets, sans cesse renouvelé. C'est par exemple le cas de compagnies pharmaceutiques comme Sanofi.

L'effet réseau

Une autre façon, plus subtile, de bloquer les concurrents est de le faire par effet réseau. On trouve des avantages concurrentiels par effet réseau dans les secteurs où **la valeur du service augmente avec le nombre d'utilisateurs**. L'effet réseau est fréquent dans les entreprises basées sur le transfert d'informations ou sur le partage d'informations en connectant les utilisateurs les uns aux autres, car une information peut être utilisée par plusieurs personnes en même temps.

Vous choisissez de vous inscrire sur Facebook comme réseau social, car c'est là que vos amis sont. Si vous choisissiez un concurrent, vous retrouveriez une proportion moins importante de vos amis. Les vendeurs d'objets choisissent de les mettre en vente sur ebay ou sur Leboncoin car c'est là que les acheteurs sont, et par symétrie les acheteurs consultent quant à eux ces sites, car ils savent que c'est là qu'il y aura le plus de vendeurs. On échange des fichiers sous formats Microsoft avec d'autres entreprises, car on sait qu'elles utiliseront aussi ce standard et pourront les lire etc… Apple a joué un temps d'un avantage par effet réseau, même s'il commence à s'estomper : tant que les utilisateurs d'iPhones étaient nettement plus nombreux que ceux d'Androïd, c'est cette plate-forme que privilégiaient les développeurs d'applications, et les acheteurs continuaient donc d'acheter des iPhones parce que c'est là que la bibliothèque d'applications était la plus fournie.

En dehors du domaine numérique, on peut citer un avantage concurrentiel par effet réseau pour une entreprise comme CH Robinson. Celle-ci met en relation des entreprises ayant des camions à louer avec d'autres ayant des marchandises à transporter. En tant que leader du secteur aux États-Unis, et donc référençant le plus d'acteurs, elle bénéfice d'un avantage concurrentiel par effet réseau puisqu'elle démultiplie ainsi les possibilités pour chaque partie en présence (soit de trouver une entreprise pour placer un camion, soit de trouver un camion disponible dans la zone recherchée).

L'effet réseau crée donc souvent un avantage concurrentiel pour le premier arrivé sur le marché. Il faut néanmoins être vigilant, car lorsque le marché est encore en pleine expansion, les préférences des utilisateurs ne sont pas toujours définitivement figées.

4. Les coûts faibles permettant de proposer un produit équivalent à un prix inférieur à la concurrence

Enfin, l'avantage concurrentiel par les coûts faibles influe sur les **secteurs où le prix est un facteur de choix**. Contrairement au cas d'une qualité supérieure perçue vue précédemment, le client estime donc ici que le produit ou service est **substituable**.

Cet avantage par les coûts faibles peut prendre quatre formes :

- 1. <u>Un processus de production meilleur marché</u>. Comme dans le cas d'une supériorité réelle d'un produit, ce n'est pas la forme la plus durable de cet avantage concurrentiel. En effet, tôt ou tard, la concurrence parviendra à reproduire ce processus de fabrication.

- 2. <u>Un meilleur emplacement</u>. C'est une belle source potentielle de barrière à l'entrée, mais elle se limite aux secteurs où le ratio Valeur du produit/poids est faible, car ce seront ceux où la part du coût du transport sera importante dans le coût global. On est donc là sur des avantages qui sont seulement *locaux* : cimenteries, carrières, traitement des déchets…

- 3. <u>Un actif unique</u>. C'est le cas des mines de matières premières qui ont des coûts d'extraction notoirement plus faibles que la moyenne.

- 4. <u>Une plus grande échelle</u> : c'est le cas le plus général, et la seule forme durable d'un avantage concurrentiel par les coûts faibles que l'on peut retrouver dans des secteurs d'activités variés.

Les coûts faibles par effet d'échelle.

Cet avantage concurrentiel de coûts faibles par effet d'échelle se retrouve logiquement dans les secteurs d'activités où **les coûts fixes sont élevés relativement aux coûts variables.** En effet, dans un tel cas, si une entreprise est significativement plus grande que ses concurrentes, elle pourra amortir ses coûts fixes sur un plus grand nombre de clients. Par conséquent, elle aura des coûts de revient globaux moins élevés. Cet avantage par effet d'échelle peut être de trois types :

- <u>Un grand réseau de distribution,</u> avec des entreprises comme Coca-Cola, ou le livreur de colis dominant un marché national. Pour un service de livraison, rajouter une étape sur un trajet ajoute peu de coûts. En revanche, pour un nouvel entrant, les coûts fixes sont difficiles à amortir, et il faut tenir le temps de remplir les camions. Un réseau étendu de distribution est donc difficile à reproduire.

- <u>L'échelle de production.</u> Quand Intel développe un nouveau microprocesseur, il amortit ses coûts fixes sur un volume de ventes plus important que son concurrent AMD (Intel possède environ 90% du marché). De même, un développeur de jeux vidéo important pourra mettre sur la table des coûts fixes de développement plus importants (pour obtenir un jeu de meilleure qualité et plus abouti) tout en ayant un coût de revient unitaire inférieur à celui d'un éditeur moins connu (car répartissant ses coûts fixes sur beaucoup plus d'unités vendues que ce dernier). Il s'ensuit dans ce cas une sorte de cercle vertueux avec prime au leader qui consolide sa position sur la durée.

- <u>Un marché de niche</u>. Il s'agit d'un marché où le gâteau est trop petit pour qu'un second acteur s'y intéresse. En effet, on peut également se trouver en présence d'un avantage concurrentiel par effet d'échelle pour une entreprise de taille réduite en valeur absolue, mais de taille importante en valeur relative, c'est-à-dire qui serait significativement plus grande que ses concurrentes.

Menaces de pertes d'avantages concurrentiels

Ces avantages concurrentiels ne sont malheureusement pas toujours éternels. Ils peuvent notamment être menacés par trois causes :

- <u>Par épuisement</u>. Il peut s'agir de la perte de la supériorité perçue d'une marque, due à l'apparition d'une nouvelle alternative qui a réussi à entrer dans le cœur des consommateurs. Il peut s'agir également de la fin d'un business-modèle dû à une rupture technologique, par exemple Kodak dont l'effet d'échelle sur la production des pellicules argentiques est devenu inutile lors de l'émergence des appareils photo numériques.
- <u>Par un type de croissance non approprié</u>. Les entreprises avec de forts avantages concurrentiels génèrent logiquement des montagnes de cash. Or, il n'y a pas assez de place pour réinvestir tout cet argent frais dans le secteur de leur cœur de métier. Les dirigeants sont donc parfois tentés de faire croître l'entreprise dans des secteurs différents, afin de développer le chiffre d'affaires, et faire ainsi parler d'eux. Or, il est rare que l'entreprise dispose d'avantages concurrentiels dans ces autres secteurs, et cette nouvelle croissance se fait donc parfois à un rendement sur capital investi inférieur au coût du capital. Ces investissements servent donc certes les ambitions de grandeur du dirigeant, mais desservent

les actionnaires, qui auraient dû récupérer leur argent sous forme de dividendes ou de rachats d'actions si l'entreprise avait été bien gérée. Par conséquent, si l'entreprise commence à chercher à croître tous azimuts, son ancien cœur de métier et ses avantages concurrentiels associés pourraient bien ne plus constituer à terme qu'une partie marginale des activités de l'entreprise.

- Par changement d'ère. Il peut s'agir par exemple de l'émergence d'une main-d'œuvre délocalisée tellement bon marché qu'elle rend inopérants des coûts de transferts qui étaient jusque-là suffisants. De même, le comportement irrationnel d'un concurrent peut faire survenir un changement d'ère. Pensons à la chaîne Canal +[34] en France. Jusqu'en 2011, elle bénéficiait d'un avantage concurrentiel par effet d'échelle : ayant le plus d'abonnés, elle pouvait acheter les compétitions sportives les plus coûteuses, attirant ainsi de nouveaux abonnés par cercle vertueux. Puis, le changement d'ère est intervenu en 2012 avec l'arrivée du Qatar dans le paysage audiovisuel français : les chaînes BeInSport étant subventionnées par le Qatar à des fins de communication, elles ont pu dès leur création enchérir sur des compétitions prestigieuses et chères, sans chercher la rentabilité. Elles ont ainsi subtilisé certaines compétitions dont Canal Plus avait jusque-là l'exclusivité de diffusion. Ainsi, suite à ce comportement d'un concurrent, irrationnel d'un pur point de vue économique, la position de leader de Canal + dans la diffusion de compétitions sportives prestigieuses s'est trouvée nettement affaiblie. Ses barrières à l'entrée ont donc été grandement fragilisées. Enfin, un changement d'ère peut également trouver sa source dans de nouvelles lois : un État qui a accordé des licences d'exploitation générant des profits plantureux,

---

[34] On parle bien de la chaîne ici et non de l'action de la Société d'édition de Canal Plus, dite « canal Plus » qui est un cas particulier et mal compris de la cote parisienne. C'est sur l'action Vivendi que la santé de la chaîne peut influer.

ou a créé des niches ayant pris leur essor grâce à de généreuses subventions, et s'en apercevant quelques années plus tard, peut légiférer avec une taxe spécifique.

Ces menaces qui pèsent sur les barrières à l'entrée doivent donc vous conduire à vous questionner sur la durabilité de l'avantage concurrentiel, c'est-à-dire qu'au-delà de la profondeur du fossé entourant le château, vous devez vous interroger sur sa largeur. On comprendra alors aisément l'intérêt que l'on peut avoir pour des entreprises qui puisent leurs avantages concurrentiels dans plusieurs des sources que nous avons décrites. Ainsi, Coca-Cola s'appuie par exemple à la fois sur une qualité supérieure perçue d'où elle tire son pricing power, et sur un effet d'échelle grâce à son réseau de distribution. De son côté, Microsoft bloque les clients par les coûts de transfert élevés (formation à ses logiciels et systèmes d'exploitation, intégration dans un environnement complexe), bloque les concurrents par effet réseau (votre entreprise finit par prendre la dernière version d'Office, car sinon elle ne peut plus lire les fichiers envoyés par ses partenaires ou inversement ses partenaires ne peuvent plus lire les siens), et a des coûts faibles par effet d'échelle puisqu'elle répartit ses coûts fixes de développement ou de R&D sur un très grand nombre d'utilisateurs.

Conclusion

Investir en bourse : styles gagnants, styles perdants

Investir en bourse : styles gagnants, styles perdants

Investir en bourse : styles gagnants, styles perdants

Nous avons donc constaté ensemble que les styles perdants sont plus nombreux que les styles gagnants. C'est pour cette raison que la bourse piège souvent les novices et paraît dangereuse. Elle constitue pourtant l'investissement le plus rémunérateur sur le long terme pour ceux qui adoptent un style gagnant, même si ces investisseurs doivent être prêts à traverser de temps à autre de longues périodes sans gain. Les erreurs les plus fréquentes en bourse peuvent toutes être corrélées à un style perdant :

- Agir sans se former fait adopter un style perdant.
- Être trop cupide conduit à suivre des gourous ou à devenir adepte de l'analyse technique, ou encore à utiliser des marchés et produits à forts leviers comme le Forex ou les CFD[35] etc...
- Ne pas savoir patienter, ne pas voir les actions comme des actifs d'une entreprise, sont des attitudes qui conduisent l'investisseur à acheter trop haut, et le prive ainsi d'une marge de sécurité.
- Ne pas savoir pourquoi on a acheté une action conduit à la revendre au mauvais moment et souvent à contretemps.

Ce qui rassemble les deux styles gagnants est de ne pas considérer une action comme un bout de papier ou un ticket de loto, mais comme le titre de propriété d'une entreprise. Il s'agit alors de s'intéresser à cette entreprise, d'en estimer la valeur intrinsèque en termes d'actifs ou de cash-flow qu'elle peut générer, puis de comparer cette valeur au prix que M. Le Marché et ses humeurs en propose. D'ailleurs, lors de fortes périodes de volatilité, le cours de l'une de vos actions peut être divisé ou multiplié par deux en moins d'un an. Pourtant, vous restez toujours propriétaire de la même proportion de l'entreprise sous-jacente, et il est fort peu probable que la valeur de cette dernière ait varié dans de telles proportions, puisqu'elle continue de son côté ses activités opérationnelles dans un contexte moins chahuté.

---

[35] Contract For Difference : produits à forts effets de levier

L'essentiel à retenir de ce livre tient donc en deux leçons. D'une part, vous devez prendre avantage sur M. Le Marché plutôt que vous laisser guider par celui-ci. D'autre part, vous devez vous considérer comme le **propriétaire de participations minoritaires dans des entreprises, et donc considérer votre portefeuille comme le moyen d'acquérir et de gérer celles-ci.** En vous considérant ainsi comme à la tête d'une sorte de holding d'investissement personnel, plutôt qu'en voyant votre portefeuille d'actions comme une suite de chiffres mis là pour d'obscures raisons (obscures raisons du type « Je voulais profiter de la tendance haussière », « Le cours étant déjà très bas sur le graphique historique, il ne pouvait que remonter » etc...), vous adopterez vite les réflexes caractéristiques d'un style gagnant. C'est-à-dire que vous regarderez de quoi vous pouvez devenir propriétaire (en termes d'actifs, de qualité d'entreprise, de rentabilité immédiate et/ou future...), et pour quel prix vous le pouvez.

Les deux styles gagnants ont ce **concept fort** de recherche d'une **marge de sécurité** comme **point commun.** C'est tout l'intérêt d'analyser des entreprises et leurs business, plutôt que d'analyser globalement le marché et les facteurs qui influencent sa tendance. Si vous achetez l'action d'une entreprise à un prix intégrant une marge de sécurité et qu'un évènement défavorable survient, votre investissement peut rester satisfaisant. A l'opposé, si vous avez jugé que le marché va monter parce que vous pensez que le prochain discours du président de la banque centrale sera favorable, vous aurez soit juste soit faux, et n'aurez alors aucune marge de sécurité. Ce n'est donc sûrement **pas un hasard** total si **l'investisseur le plus célèbre** du XXe siècle, en l'occurrence **Warren Buffett**, est celui qui a su au fil de sa vie **adopter tour à tour les deux styles gagnants.**

On remarquera que l'adoption des deux styles gagnants, condition de la réussite en bourse, nécessite deux qualités essentielles : **la patience d'une**

part, et une indifférence à l'opinion de la foule d'autre part. Les personnalités à forte indépendance d'esprit[36] seront donc avantagées.

Enfin, on peut tirer quelques derniers enseignements du message transmis au fil de ce livre :

- Contrairement à d'autres domaines, **il est contre-productif de se fixer un objectif chiffré de gain annuel (par exemple 12%) quand on investit en bourse.** D'abord, parce que vous fixer un objectif ne vous donnera pas les moyens de l'atteindre. Ensuite, parce que cela vous encouragerait à regarder vers le haut plutôt que vers le bas. L'investisseur value regarde toujours vers le bas avant de regarder vers le haut, mais l'investisseur GARP doit aussi travailler sur un « cas baissier ». Finalement, ce regard vers le bas est directement lié au concept de marge de sécurité, utilisé dans les deux styles, même si de façon différente. *« La règle n°1 de l'investissement est de ne pas perdre d'argent. La règle n°2 est de ne jamais oublier la première règle »*, *Warren Buffett*

- Vous tirerez **plus d'enseignements à lire des rapports d'activités d'entreprise qu'à écouter les derniers indicateurs macro-économiques mensuels**, le dernier discours de la Banque centrale Européenne, ou le bruit quotidien des médias. La lecture des très détaillés rapports annuels de Berkshire Hathaway, rédigés par Warren Buffett lui-même, sera par exemple beaucoup plus enrichissante. *« Je n'ai pas de Bloomberg sur mon bureau. Ça ne me préoccupe pas»*, *Seth Klarman*[37]

---

[36] Notamment les personnalités qui ont pour résultat INTJ ou INTP au célèbre test de Myers-Briggs.

[37] Seth Klarman est le gérant d'un fonds fermé orienté "value" intitulé *Baupost Group*. Bloomberg est le logiciel utilisé par les traders ou financiers pour leur fournir toutes sortes de cours, graphiques, ou nouvelles en temps réel sur leurs écrans.

- Si vous adoptez un style gagnant, vous saurez pourquoi vous aurez acheté une action précise. Cela vous sera d'une aide précieuse pour la décision la plus difficile de toutes, d'ailleurs rarement traitée dans les ouvrages sur la bourse, i.e. celle de la vente. **Connaître la raison pour laquelle vous aviez acheté cette action vous aidera à déterminer à quel moment (et si) vous devez la vendre.**

- La **compréhension des concepts qui sous-tendent la valorisation d'entreprise est très importante.** Cisco était bien une entreprise extraordinaire en 2000, mais l'acheter à un prix aussi irrationnel que 75$/action eu égard à la valeur d'entreprise ne vous aurait apporté que des déboires. Néanmoins, **le risque, la profitabilité, les avantages concurrentiels et la croissance sont bien tous des facteurs qui influent sur la valorisation.** Ainsi, une entreprise qui possède des avantages concurrentiels vaudra toujours plus en termes de multiples de type cours/bénéfices qu'une entreprise qui n'en possède pas, une croissance à fort taux de rendement sur capital investi génèrera de la valeur alors qu'elle n'en génèrera pas si le rendement des capitaux investis est faible etc…Si vous avez bien saisi ces subtilités, que vous êtes en mesure d'analyser seul les sources d'avantages concurrentiels, vous pourrez alors acheter vos actions au moment optimal, souvent contre l'avis de la foule. Vous vous référerez alors à votre propre jugement, en qui vous aurez confiance. Cela vous aidera à agir, y compris contre l'avis de la foule. Vous aurez en effet dans un tel cas **plus de certitudes que si vous vous reposiez sur l'avis d'un expert** ou d'un tiers, et vous interrogiez sans cesse pour savoir si ce dernier se trompe ou non.

Pour conclure, si vous savez désormais reconnaître les styles perdants et les éviter, vous serez déjà mieux armé que 90% des particuliers qui s'aventurent en bourse (en direct ou par le biais de fonds communs). Si, suite à un effort d'autoformation, vous arrivez à adopter un style gagnant tout en veillant à une diversification géographique et sectorielle, vous serez meilleur qu'au moins 95% d'entre eux et devriez être payé sur le long terme...

Enfin, notez que si ce livre traite uniquement de l'investissez en bourse, ce n'est pas le seul domaine où l'on peut investir. Investir l'intégralité de votre patrimoine en bourse ne serait d'ailleurs pas raisonnable. Si le domaine de la gestion du patrimoine dans un contexte plus général vous intéresse, vous pouvez lire l'ouvrage *Construisez et gérez votre patrimoine avec succès*, du même auteur. Vous trouverez par ailleurs ci-après une bibliographie : il ne faut pas voir celle-ci seulement comme une liste d'œuvres ayant servi de référence au présent ouvrage, mais également comme un programme de formation complet et détaillé. Ainsi, afin de servir de guide à celui qui souhaite investir en lui-même en continuant à renforcer ses connaissances, elle est classée en fonction des thèmes et styles abordés dans ce livre. Rappelez-vous qu'un livre est peut-être l'objet qui a le meilleur rapport qualité-prix parmi ceux que nous pouvons acheter : d'ailleurs, avec d'un côté autant de connaissances mises à disposition et de plaisir de lecture en perspective, et de l'autre un prix relativement modique, n'aurait-on pas là un objet dont le prix est notoirement inférieur à sa valeur intrinsèque ? Et donc un excellent investissement ?

Remerciements

Je tiens à remercier les personnes suivantes :

L'inventeur du web, qui constitue une formidable invention pour tous ceux qui considèrent que la formation ne se résume pas aux études, et qu'il n'y pas de meilleur moyen pour progresser que d'approfondir ses connaissances dans divers domaines en allant chercher celles-ci soi-même, au moment où l'on en a besoin. Invention qui égalise les chances de réussite en permettant à nous tous d'accéder au monde, et de discuter avec des personnes que nous n'aurions jamais pu rencontrer si notre accès aux ressources de la connaissance s'était cantonné à notre bibliothèque de quartier…

La communauté du forum des *Investisseurs heureux*, ses intervenants pertinents, et son créateur. J'apprécie les échanges enrichissants sur ce forum depuis plusieurs années, et je dois reconnaître qu'ils m'ont à la fois permis de progresser en tant qu'investisseur, de faire avancer mes réflexions, et encouragé à prendre du recul sur des domaines annexes intéressants.

Tous ceux qui avaient déjà été remerciés à l'occasion de l'ouvrage *Construisez et gérez votre patrimoine avec succès*. S'il n'y avait pas eu de premier ouvrage, ce second n'aurait en effet sûrement pas vu le jour. A ceux-ci, doivent être rajoutés tous ceux qui m'ont incité à reprendre la plume ou aidé à réaliser cet ouvrage : les lecteurs de *Construisez et gérez votre patrimoine avec succès* m'ayant envoyé des commentaires de satisfaction et d'encouragement (et avec qui j'ai apprécié échanger), les blogueurs qui avaient relayé positivement mon premier ouvrage (notamment Arnaud *d'Avenir plus riche*, et Thibaud de *Mes finances mode d'emploi*), Amélie pour m'avoir motivé lors de nos conversations de cet hiver, Julie pour ses conseils sur la couverture, et tous mes proches et amis m'ayant encouragé à accélérer la genèse de ce second projet.

Enfin, je remercie par avance tous les lecteurs qui me feront le plaisir de laisser un commentaire (positif ou négatif) sur le site où ils ont acheté ce livre. C'est grâce à ces retours d'expérience que nous auteurs sommes encouragés à donner le meilleur de nous-mêmes.

Bibliographie et ressources pratiques

<u>**Livres sur la bourse**</u>

- **Généralistes**

Et si vous en saviez assez pour gagner en bourse, Peter Lynch

- **Style « approche séculaire du marché » / stratégie automatique**

Stratégies pour devenir rentier, Philippe Proudhon

- **Style « value »**

L'investisseur intelligent, Benjamin Graham

Investir dans la valeur, Bruce Greenwald

Security Analysis, Benjamin Graham (Anglais uniquement)

Margin of Safety, Seth Klarman (Anglais uniquement)

Vous pouvez être un génie de la bourse, Joël Greenblatt

- **Style « GARP »**

Actions ordinaires & profits extraordinaires, P. Fisher

Le petit livre pour réussir en bourse, Pat Dorsey

The five rules for successful Stock Investing, Pat Dorsey (Anglais uniquement)

- **Calcul de valeur intrinsèque**

The little book of valuation, Aswath Damodaran (Anglais uniquement)

Ressources d'outils Excel d'aide au calcul de valeur intrinsèque listés sur http://www.mes-investissements.net/outils.html

- **Conditionnement mental**

The little book of Behavorial Investing, J.Montier (Anglais uniquement)

Livres sur la gestion de patrimoine

- **Généralistes**

Construisez et gérez votre patrimoine avec succès / Guide pour s'enrichir lentement mais sûrement, Julien Delagrandanne

Les placements de l'épargne à long terme, J-F de Laulanié

- **Récits initiatiques**

L'homme le plus riche de Babylon, Georges S. Clason

Réfléchissez et devenez riche, Napoleon Hill

Warren Buffett. La biographie officielle, l'effet boule de neige, Alice Schroeder.

The Millionaire Next Door: The Surprising Secrets of America's Wealthy, Thomas J. Stanley et William D. Danko (Anglais uniquement)

Et toutes les lettres annuelles aux actionnaires de Bekshire Hathaway...

Dépôt légal 05/2013 - Imprimé par lulu.com